대한민국
여성 국회의원의
탄생

김수자

이화여대 사학과를 졸업하고 동대학교 사학과에서 박사학위를 취득하였다.
현재 이화여대 이화인문과학원 조교수로 재직 중이다.
해방 이후 한국의 정치사 연구를 기초로 대한민국 민족주의의 성격,
여성정치운동사, 근대문화, 근대지식, 탈식민주의에 대한 연구를
진행하고 있다.
주요 저서로는《이승만의 집권 초기 권력기반 연구》,《한국 정치의 이념과
사상》(공저),《현대정치사상의 파노라마》(공역) 등이 있다.

대한민국역사박물관 한국현대사 교양총서 08

대한민국 여성 국회의원의 탄생

2014년 7월 31일 발행
2014년 7월 31일 1쇄

지은이 김수자
발행처 대한민국역사박물관
제작·보급 나남
경기도 파주시 회동길 193
031.955.4601 / www.nanam.net

ISBN 978-89-300-8708-7
978-89-300-8700-1 (세트)
발간등록번호 11-1371480-000044-01

책값은 뒤표지에 있습니다.

대한민국역사박물관
한국현대사 교양총서
08

대한민국
여성 국회의원의
탄생

김수자 지음

대한민국 역사박물관
NATIONAL MUSEUM OF KOREAN CONTEMPORARY HISTORY
나남 nanam

대한민국역사박물관은 우리나라 최초의 국립 현대사박물관입니다. 500년의 전통과 현대성이 함께 숨 쉬는 광화문에 위치한 대한민국역사박물관은 일제강점기부터 현재까지 우리 한국인이 겪어온 피와 땀과 눈물의 대서사를 담은 역사 공간을 목표로 하여 건립되었습니다. 국가 상징 거리에 위치하여 과거와 현재를 이렇게 동시에 만날 수 있는 곳은 전 세계적으로 유례를 찾기 어려울 것입니다.

대한민국역사박물관은 우리의 정체성을 확인하고 우리가 걸어온 길을 되돌아보면서 앞으로 나아갈 길을 모색하는 성찰의 기회를 제공할 것입니다. 우리 한국인이 목숨 바쳐 나라를 되찾고 피땀 흘려 산업화와 민주화를 이룩한 과정을 균형 잡힌 시각으로 보여주어, 국민들이 우리 현대사에 대한 관심과 애정을 가질 수 있게 하고자 합니다.

이를 위해 대한민국역사박물관은 현대사에 대한 체계적인 자료 수집 및 관리 · 전시 · 교육 · 조사연구 등의 기능을 수행하고 있습니다. 특히 그동안 학계에서 쌓아온 현대사 연구 성과를 국민과 공유하는 것이 필요하다고 보고, 일반인이 좀더 쉽게 읽고 이해할 수 있는《한국현대사 교양총서》 시리즈를 발간하게 되었습니다.

《한국현대사 교양총서》를 기획하면서 특히 중점을 두었던 점은 균형 있고 미래지향적인 역사인식을 갖추는 데 기여하는 것입니다. 한국현대사의 여러 사건과 인물들을 둘러싸고 첨예한 논란이 벌어지고 있는 현시점에서 균형 잡힌 역사인식이 무엇보다 절실하다고 하겠습니다.

아무쪼록《한국현대사 교양총서》가 어렵게 느껴질 수 있는 우리 현대사에 쉽게 다가가는 계기가 되었으면 합니다. 아울러 이 총서가 한국 현대사에 대한 폭넓은 안목을 키울 수 있는 길잡이가 되기를 기대하며 독자 여러분의 많은 격려와 질정을 바랍니다.

대한민국역사박물관장

김왕식

근대 이후 여성의 발전이란 여성의 경제활동 참가율 증가, 취학률 상승 등과 같은 양적 성장뿐 아니라 균등한 기회와 처우, 인간다운 근로조건 마련 등의 질적 성장, 그리고 그 사회에 팽배한 남녀차별의식의 양성평등의식으로의 변화를 함께 의미한다. 또한 평등이념을 기반으로 하는 사회제도적 변화가 함께 추진되고, 여성이 사회 각 부문에 차별 없이 참여하여 인간으로서의 존엄을 유지하면서 사회발전에 기여할 수 있을 때 이를 진정한 여성 발전이라 할 수 있다.[1]

1945년 일제의 억압으로부터 벗어난 이래 한국여성들의 여권女權은 경제활동 참가율 등의 양적인 부문에서는 몰라볼 정도로 성장하였다. 그러나 남녀차별의식 등의 질적인 부문은 양적인 부문에 비해, 그리고 여성들의 기대에 비해 성장하지 못하였다.

해방 직후부터 한국여성들은 여성의 발전을 위하여 남녀평등의식을 입법화立法化하여 남녀평등권을 실현하고자 노력하였다. 이를 위한 첫걸음은 여성 역량을 조직화하기 위한 정당이나 단체를 결성하는 것이었다. 그리고 나아가 적극적으로 행정기구 및 입법기구로의 진출을 통한 정치참여를 모색하였다.

실질적으로 해방 이후 대한민국 정부가 수립되는 과정에서 정치참여를 통하여 여성들의 정치의식, 여성의식은 향상되었고, 여성정치인들은 가부장적인 기존 질서 속에서 여성을 차별하는 모순의 개선과 불평등하고 비인간적인 억압적 요소의 제거를 지향하였다. 그리고 이것은 궁극적으로 남녀평등사회를 이루고자 하는 요구와 닿아 있는 것이었다. 즉 여성 정치참여의 궁극적인 목적은 여성의 사회적, 법적 지위의 향상과 실질적 의미의 양성평등을 실현하는 것이다. 여성의 정치참여는 의회 등 국가의 주요 정책결정직 참여, 정당 및 사회단체 참여, 선거 참여 등 다양한 층위에서 이루어졌다.[2]

한국여성들은 해방을 통하여 일제로부터 해방됨과 동시에 전통적인 가부장제 의식에서 벗어나 비로소 자신의 권리에 대해 인식하고, 독립국가의 일원으로서의 역할을 자각하기 시작하였다. 그리고 한국여성들은 해방과 더불어 여성들의 정치참여는 자연스럽게 실현될 수 있을 것이라 생각했다. 그러나 여성의 정치참여와 활동에는 여성을 무능력자로 규정한 구舊 민법, 남녀유별을 강조하는 사회적 인식 등 많은 장애가 있었다. 그럼에도 해방 이후 남녀평등사회 구현의 기반 마련을 위한 일련의 행정기구 마련과 여성권익 신장을 위한 법제法制 도입 등으로 인해 여성들은 생활과 의식의 변화를 겪었고, 정치영역으로 진출하여 활동의 폭을 넓혀갔다.

1948년 정부 수립과 함께 제정된 제헌헌법은 남녀평등과 동등한 참정권을 명시하여 여성의 권익을 보장하는 한국사회의 성격과 발전 방향을 제시하였다. 제헌헌법은 법 앞에서의 평등을 선언하면서 성별에 의한 차별을 배척한다고 규정함으로써 대한민국의 모든 법률이 남녀평등사상에 기초하여 제정되어야 할 것임을 분명히 했다. 이렇게 남녀평등권을 보장하는 법률의 제정은 여성에게 닫혀 있던 사회의 문을 열어주는 열쇠가 되었다.

이후 민족의 크나큰 시련이라 할 수 있는 6·25전쟁을 겪으며 대한민국의 여성들은 전쟁터에 나간 남성들을 대신하여 가정을 책임지는 가장으로서의 역할과 동시에 대한민국 사회를 이끌어가는 존재로서의 역할 또한 부여받았고, 이를 충실히 수행해냈다고 할 수 있다.

1960년까지 여성의 정치진출, 특히 국회 진입은 여성활동의 주요 목표 중 하나였으나, 결과는 언제나 기대에 미치지 못했다. 그러나 여성들은 매번 후보자들을 내고 선거운동을 했으며, 그 과정들을 거치면서 여성의식, 정치의식을 키워 국가의 기틀을 마련하는 데 기여하였다.

해방과 이후 1948년 대한민국 정부 수립 당시 여성의 정계진출은 '하늘에 있는 별을 따는 것'보다 어려운 일이었다. 제헌국회의원선거에서 여성은 첫 참정권을 행사했으나 여성의 국회 진출은 이루어지지 않았다. 이후 제1공화국 시기인 제헌국회부터 제4대 국회 기간까지 여성은 1~2석, 많아야 3석을 차지하는 등, 국회 진출은 몇 회에 걸쳐 제자리걸음과 퇴보를 반복하였다. 그러나 여성들은 선거활동을 하면서 여성권익 향상이라는 씨앗을 뿌렸고, 이 씨앗들은 이후 다양한 분야에서 다양한 색깔의 싹으로 자라났다.

1948년부터 1960년까지 국회에 진출한 여성의원은 임영신任永信, 박순천朴順天, 김철안金喆安, 박현숙朴賢淑이 전부다. 그중 임영신, 박순천은 일제강점기에 일제에 동조하여 친일활동을 한 인물이라는 한계를 가지고 있었다. 이들이 해방 이후 친일활동에 대한 철저한 반성의 과정 없이 국가건설에 참여하고 여성운동을 전개하였다는 점은 매우 안타

까운 일이며, 이는 식민유산 및 친일 청산과정이 제대로 이루어지지 않은 시대적 상황을 반영하는 것이기도 하였다.

이들 여성의원들은 당시 남성만의 공간이라 여겨진 국회에서 각종 여성단체들과 연대하여 여권신장을 위해 여성 관련 법안들을 제정하는 작업을 전개하며 남녀평등권을 실현시키고자 하였다. 1948년 제헌헌법에 남녀평등권이 명문화된 것을 시작으로, 1953년에 제정된 '근로기준법'은 남녀의 차별대우를 금지하는 한편 여성과 소년을 보호하기 위한 규정으로, 남녀의 균등한 대우를 기본 원칙으로 하고 여성근로자에 대한 특별 보호규정을 두었다. 그리고 1953년에 공포된 형법은 여성에게만 적용되던 불평등한 간통죄 적용의 낡은 제도를 버리고 "배우자 있는 자가 간통한 때 남성과 여성 모두를 처벌한다"는 쌍벌죄를 명시함으로써 남편과 아내 모두에게 성적性的 성실 의무를 부과하였다.

한편 헌법이 국민의 기본권을 명시한 것이라면, 가족 관련법은 가족을 규정하는 기본법으로서 일상생활에서의 여성의 지위나 위치를 그대로 보여주는 법이라 할 수 있다. 이 가족법이 여성단체들의 개정운동 결과 1958년 신新 민법으로 개정, 공포되었다. 이 민법은 친족, 상속 편에서 이전 시대 법에서보다 여성의 지위를 훨씬 향상시켰다. 여성의 분가를 인정하고, 아내를 무능력자로 규정하였던 제도를 폐지하였으며, 부부재산에 관하여 아내와 남편이 각자 독립해 재산을 소유·관리하는 부부별산제夫婦別産制를 채택하였다. 그리고 재판상 이혼 원인을 과거의 "아내의 간통" 대신에 "배우자의 부정행위가 있었을 때"로 남녀가 같게 하였다. 또한 부모가 공동으로 친권을 행사할 수 있도록 하고, 상속법에서 여성에게 일정한 경우 호주상속권을 인정하였으며, 결혼 안 한 딸의 상속분을 아들과 같이 하는 등 아들과 딸을 평등하게 대하려고 노력하였다. 이와 같은 법 제정은 국회에 진출한 여성의원과 국회 밖의 여성운동단체 간의 부단한 연대와 노력의 결과였다. 비록 여성권익 향상의 실질적 내용을 담보하기에는 보충할 부분이 많았지만 어느 정도의 성과는 거두었다고 할 수 있다.

이 책에서는 대한민국 여성들이 국가수립 초기인 제1공화국 시기에 국가건설과 여성권익의 향상이라는 시대적 과제를 안고 국회에 진출하여 그 정치적 공간에서 여성권익 관련 법안들을 제정하고 입법화한 활동을 살펴보았다. 이를 통해 대한민국 여성 발전의 역사가 그냥 주어진 것이 아님을 다시 깨닫고자 한다.

김수자

차례

여성 정치 '현장'의 풍경

01 1945년 해방과 한국여성

02 여성단체 결성과 여성 조직화

03 여성전담 행정기구, 부녀국의 설치

해방 이후 민주주의의 점진적 확대는 여성들의 의식과 행동에도 변화를 가져왔다. 그러나 당시 한국사회는 여성문제의 해결보다는 독립국가 건설을 최우선 과제로 설정하였으며, 여성권익 실현의 방향은 민주주의라는 제도적, 이념적 틀 속에서 국가건설과 권력구조에 관한 것으로 한정되었다. 따라서 해방 직후의 여성운동은 여성교육의 확대, 균등한 기회 제공, 여성계몽 등을 중심으로, 여성이 국가와 상호작용하는 적극적인 주체로서 행동할 수 있는 공간을 확보해나가는 과정이었다.

01

1945년 해방과 한국여성

1945년 8월 15일, 한국은 일제의 식민지배로부터 독립하였다. 이날 일본 천황은 라디오를 통해 태평양전쟁에서 졌다는 사실을 인정하고 연합군에게 무조건 항복을 선언했다. 한국은 일본의 강제점령으로 식민지가 되었기에 일본의 항복은 곧 한국의 독립을 의미하는 것이었다. 해방을 맞은 한국인들은 남녀노소 가릴 것 없이 거리로 나와 태극기를 흔들고 만세를 부르며 해방의 기쁨을 만끽했다. 그 감격은 지난날 한국인을 억압하던 모든 것들이 한꺼번에 없어지리라는 기대감으로 인해 더 컸다.

특히 한국여성들에게 있어 일제강점기는 이중, 삼중의 고통이 가해진 시기였다. 일제강점기 대부분의 여성들은 근대교육의 혜택을 받지 못하였으며, 봉건적 인습하에서 생활해야 했다. 일제는 식민지배를 수월하게 하기 위해 근대자본주의적 체

8·15 해방에 감격해하는 시민들

제를 들여옴과 동시에 봉건적 가부장제 가족제도를 유지하여 여성들의 고통을 가중시켰다고 할 수 있다. 그러므로 해방을 맞은 여성들의 기대감은 누구보다도 높았다.

그러나 해방은 한국민족의 지속적인 독립운동의 결과임과 동시에, 연합국이 일본과의 전쟁에서 승리하여 이루어진 결과였다. 해외에서의 대한민국임시정부를 비롯한 독립운동단체의 활동이나 국내에서의 건국동맹 등의 단체의 활동은 일제의 억압으로부터 벗어나기 위해 한국민족이 끊임없이 독립운동을 하였음을 보여주는 것이다. 그러나 일본의 패전에는 그보다 소련의 대일전對日戰 참전과 미국의 히로시마広島 원자탄 투하 등 미·소 연합군의 힘이 결정적이었다고 할 수 있다. 그러므로 미국과 소련이 해방된 한국 문제에 관여할 것임은 충분히 예상되는 일이었다. 해방이 되자 한반도는 연합국의 군사적 편의에 의해 38선을 경계로 둘로 나뉘어, 북쪽은 소련군이 주둔하며 통치하였고, 남쪽에는 미군이 주둔하였다.

남쪽 주민들은 해방 이후 미군정이 실시되면서 독립국가 건설이나 새로운 세상에 대한 설렘과 함께 외세에 의해 분단이 되지는 않을까, 38선이 고착되지는 않을까 하는 불안감을 동시에 느꼈다. 해방 직후 한반도에는 식민지배로부터 벗어났다는 해방감과 미래에 대한 불안감, 독립국가를 건설해야 한다는 설렘과 부담감 등이 공존했다. 그리고 해방은 당시의 표현대로 일상생활 구석구석까지 '정치'가 스며드는 시대를 열었다.

특히 1945년 해방 이후 서구 근대사상의 유입 등으로 각 영역에서 제도적인 변화 못지않게 정신적인 변화가 일어났고, 이보다 더 빠른 속도로 생활양식의 변화가 일어났다. 그중에서도 해방 직전 남북한 총인구의 50.2%를 차지한 여성들 자신의 의식변화가 서구 민주주의 제도의 유입 등으로 인하여 매우 두드러졌다.[1] 그리고 다른 한편에서는 한국의 전통적인 여성관인 봉건적 남존여비 사상이 무너지고, 다양한 분야에서 민주적인 양성평등 사상과 방식을 기반으로 한 변화들을 모색하는 조직적 움직임도 진행되었다.

이 시기 여성들 또한 해방 후에는 봉건적 질서를 탈피한 새로운 세상이 올 것이라 기대했다. 특히 일제강점기 동안 여성운동, 독립운동을 전개한 여성들은 해방이 되자 여성도 한 인간으로서의 지위를 보장받는, 그리고 남녀가 평등한 사회를 꿈꾸었으며, 이것이 가능하리라 여겼다. 그러나 실제로 여성들에게 주어진 것은 일제라는 억압의 실체가 사라진 시대라는 것, 그 이상도 이하도 아니었다. 한국사회에서 여성 관련 의식들이 변화될 상황들은 조성되었지만, 실제로 그러한 의식의 변화는 기대한 것처럼 빠르게 이루어지지는 못했다.

해방 직후 한국사회는 여성문제의 해결보다는 독립국가 건설을 최우선 과제로 설정하였다. 그러므로 당시 여성들은 해방

이 되었지만 남성 중심의 가부장적인 질서가 지배하는 사회에 그대로 놓이게 된 것이다. 가부장제 사회란 언어와 담론, 의식과 관습, 법과 제도, 정책 등 모든 것이 남성 중심으로 이루어진 사회를 의미한다. 그리고 가부장제 가치가 내면화된 인간은 성차별적 사회구조를 의식하지 못한다. 실제로 당시 여성에게 가해진 차별의 가장 큰 실체는 전 사회 속에 광범위하게 형성된 유교적인 이념에서 연유하는 인습과 가부장적 구조 등이었다고 할 수 있다. 아래의 황애덕黃愛德의 글은 이러한 상황을 잘 대변해준다.

> 우리 여성은 과거, 아니 현재도 어떠한 처지에 있는가요? 우리는 과연 동등권을 찾었나요, 인격적 대우를 받고 있나요, 가정에서 사회에서 우리 여성의 존재가 어데 있는지요. 가정에서는 몇 백천 년을 내려오며 삼종지도라 하여 어려서는 부모를 좇고 커서는 남편에게 매이고, 늙어서는 자식을 좇는 것이 여자의 도덕이라 하여 문서 없는 종이요, 생산도구로서 취급을 받다가 최근에는 왜적 만풍이 들어오자 남성의 잔인성은 가일층 여성을 무시하고 소위 아내를 동물 취급을 하였으니 아내로서의 협조나 어머니로서의 위신을 갖출 여지가 어디 있었으며 사회적으로 남성들이 자기의 입장만을 옹호하고 유리하게 법률을 자유자재로 만들어가지고 여성에게는 금치산법을 적용하여 정신병

자와 미성년자 취급을 하였으니 축첩제도와 공창제도를 마련해 서 남성의 야수성을 얼마든지 만족시키고도 비행을 부끄러워하지 않음은 물론 높은 지위와 위엄을 그대로 유지하도록 되었으며, 여성은 죄 없이 용수를 쓰고 다니게 만들어놓고 남편의 만행에 대하여는 불평이나 불만을 발표조차 못하게 할 뿐만 아니라 경제권을 일절 없이 하고 제 것도 남편의 승낙 없이는 처리하지 못하는 법을 내었고, 부부가 동심협력하에 벌어놓은 재산도 아내는 사용권이 없고 남편이 변심하여 무죄히 아내를 버려 이혼당하는 경우에는 빈손으로 쫓겨나가도 대항할 완력은 물론 없거니와 억울한 바를 호소할 법률이 없고 법안도 없으며 자기가 나아가 애지중지 기르는 자녀도 다 아비의 소유라 하여 빼앗고 알몸단신으로 거리에 헤매며 애절복절하다가 정신이상이 되거나 통분을 못 이기어 자살하는 여성이 그 얼마였던가. 이렇게 학대를 받고 그렇게 억울하면서도 단지 여자된 죄를 자탄할 뿐 남성에 대하여 항의 한 번 못해 본 것이 오늘날의 조선의 여성인 것이다.

황애덕(1947), "총선거와 우리 여성의 입장", 《새살림》 1947년 10월호

그러나 당시 한국인들에게는 식민지배로부터 벗어나 자주독립국가를 건설해야 한다는 시대적 상황으로 인해 여성차별적인 사회구조의 변혁보다 독립국가 건설에 대한 염원이 더 컸

다. 그리고 그것이 당연한 것으로 여겨졌다. 일제강점기 여성운동을 전개한 단체들 또한 여성권익 향상보다 민족의 독립을 일차적 과제로 설정하고 민족운동을 전개하였다. 따라서 해방 이후에도 독립국가 수립이 선결과제가 되는 것이 자연스러웠다. 이러한 상황으로 인해 여성해방, 여성권익의 확대는 부차적인 과제가 되어갔다.

그럼에도 여성계에서는 일제로부터 해방되자 사회 전체구조 속에 뿌리내린 억압구조 모두가, 특히 여성과 관련한 사슬이 끊길 수 있을 것으로 기대했다. 그러나 여성의 해방은 그냥 주어지지 않았다. "여성의 해방은 여성의 땀 섞인 노력을 통해서야 오는 것이니 겉 해방에 날뛰지 말고 우리의 실력으로 참해방을 만들자"는 당시 한 여성운동가의 말은 그것을 잘 보여준다.[2] 여성해방의 구체적, 현실적인 주장의 내용은 '남녀동등권'의 실현이라 할 수 있다.

해방 이후, 정부 수립 초기 한국의 정치·사회적 상황은 낡은 것과 새로운 것이 실타래처럼 뒤얽혀 매우 혼란스러웠다. 그리고 이는 여성문제와 관련해서도 마찬가지였다. 과거 수세기 동안 사회를 지배해온 남존여비 사상 탓에 이러한 문제를 하루아침에 해결하기는 힘들었으나, 많은 이들이 진보적인 정치활동을 해나가면서 남녀관계에 얽힌 실타래를 풀기 위해 노력했다.

또한 여성은 의식적 측면에서 역사의 수동적인 객체이자 주어진 것을 단순히 따르기만 하는 존재에 머물기를 거부하고 여성 역량 강화를 위한 여성의 조직화 작업을 진행하며 새로운 질서를 만들어내고자 하였다. 그리고 해방은 제한적이나마 여성들에게 정치활동을 전개할 수 있는 '공간'과 '기회'를 주었다.

그리고 해방 이후 민주주의의 점진적인 확대는 여성들은 아버지와 남편 심지어 아들에게 속해야 한다는 전근대적 삼종지도의 인습과 경제적, 상징적 종속의 끈을 끊을 수 있도록 하는 의식과 행동의 변화를 가져왔다. 이러한 의식의 성장으로 인해 여성들은 왜 여성권익 확대를 위한 정치영역으로의 진출이 없었는가를 자문하고, 이에 대한 필요성을 자각하기 시작했다. 여성들의 자각은 여성권익을 실현할 수 있는 장場인 국회로의 진출을 꾀하면서 급격히 성장하였다.

당시 여성들이 느낀 것처럼, 해방 이후의 시대는 여성들에게

삼종지도(三從之道)

전통사회에서 여성이 지켜야 할 도리를 지칭하는 말로서 《의례》(儀禮) 〈상복전〉(喪服傳)에 의하면 여성에게는 세 가지 따라야 하는 법도가 있다. 어릴 때는 아버지를 따르고[재가종부(在家從父)], 결혼해서는 남편에게 순종하고[적인종부(適人從夫)], 남편이 죽은 후에는 아들의 뜻을 따라야 한다는[부사종자(夫死從子)] 것이다. 전근대 시대 삼종지도는 여성을 남성에 종속된 존재로 보아 여성의 권리를 억압하고, 여성의 삶과 지위를 규제하는 역할을 하였다.

우호적인 시대는 아니었다. 여성들은 여전히 공적 영역보다는 사적 영역인 가정에서 가사에 전념해야만 한다는 의식이 지배적이었다. 그리고 여성권익 실현의 방향은 민주주의라는 제도적, 이념적 틀 속에서 국가건설과 권력구조에 관한 것으로 한정되었다. 따라서 해방 직후 여성운동은 여성교육, 균등한 기회제공, 여성계몽 등을 중심으로 여성이 국가와 상호작용하는 적극적인 주체로서 행동할 수 있는 공간을 확보해나가는 과정이었다.

02

여성단체 결성과 여성 조직화

해방 직후 가장 먼저 조직된 단체는 조선건국준비위원회朝鮮建國準備委員會, 이하 건준였다. 건준은 완전한 독립국가의 건설을 목표로 한 정부수립 준비기관으로 좌·우익 연합체의 성격을 띠었다. 여성계 또한 꿈에도 그리던 조국 해방을 맞이하여 일제강점기 여성운동의 경험이 있는 유영준劉英俊, 박순천, 황신덕黃信德, 박승호朴承浩 등 좌·우익 여성지도자들이 여성들의 역량을 모아, 새로운 국가 건설에서 여성의 역할을 모색하며 여성단체를 조직하였다. 혼란한 해방정국에서 시급한 과제는 독립국가 건설과 여성해방을 가능하게 하는 정치적 틀을 만드는 것이며, 그 첫걸음이 여성단체 결성이라는 인식이 당시 좌익과 우익 여성들 모두에게 공통적으로 있었다.

해방된 바로 다음날인 8월 16일 YWCA회관에서 유영준, 박순천, 황신덕 외에도 정칠성丁七星, 이각경李珏卿, 유각경兪珏卿 등은 여성단체를 탄생시키기 위한 준비위원회를 열었다. 그리고 8월 17일 황신덕, 박승호, 노천명盧天命, 황기성黃基成, 정칠성, 이각경, 유각경, 박원경朴源炅, 박봉애朴奉愛, 허하백許河伯, 서석전徐石田 등 140여 명의 여성들은 박순천 사회로 건국부녀동맹建國婦女同盟을 창립하였다. 이날 위원장에는 유영준, 부위원장에는 박순천이 선출되었으며, 총무부, 재무부, 선전부, 조직부, 문교부, 조사부, 건설부, 지방부, 후생부 등 9개의 부서를 두었다. 그리고 중앙여자실업학교中央女子實業學校에 임시 사무실을 차리고 활동을 시작하였다.

조선건국준비위원회(朝鮮建國準備委員會)

1945년 8월 15일 해방 직후 중도좌파 여운형(呂運亨)과 중도우파 안재홍(安在鴻)이 중심이 되어 결성한 건국 준비를 위한 단체이다. 여운형은 해방 직전 조선총독부 엔도 류사쿠(遠藤柳作) 정무총감과 ① 정치, 경제범의 즉시 석방, ② 3개월간의 식량 보급, ③ 치안유지와 건국사업에 대한 간섭 배제, ④ 학생훈련과 청년조직에 대한 간섭 배제, ⑤ 노동자와 농민을 건국사업에 조직, 동원하는 것에 대한 간섭 배제의 5개 조항을 조건으로 치안권을 인수했다. 건준은 8월말까지 전국에 140여 개 지부를 설립하였으며, 북한에서도 민족주의 운동의 대표적 지도자인 조만식(曺晩植)이 참여하였다. 그러나 김성수, 송진우(宋鎭禹) 등 우익세력은 중경 임시정부 지지를 선언하며 불참하였고, 9월 초 안재홍이 탈퇴하면서 건준은 좌익 중심의 단체가 되었다. 9월 6일 박헌영(朴憲永)의 조선공산당을 중심으로 조선인민공화국이 조직되면서 7일 해체되었다.

건국부녀동맹은 선언문에서 "우리 조선의 전국적 문제가 완전히 해결됨에 의해서만 그 일부분인 우리 여성문제가 비로소 해결될 것이며, 동시에 우리 여성문제가 해결되지 않으면 전국적 문제 또한 해결되지 않을 것이다. 전 국민 해방을 목표로 한 전면적 투쟁에 적극적으로 참가하여 여성해방의 대업을 완성할 것"이라고 밝혔다. 여기서 조선의 전국적 문제란 '완전한 독립국가'의 건설을 의미하며, 여성들에게 '완전한 독립국가'란 여성문제의 해결을 의미했다. 한국에 새로이 건설될 독립국가는 여성에 대한 억압이 없으며 성평등이 제도적으로 실현되는 나라를 뜻했다. 이를 위해 건국부녀동맹은 '전 국민 해방을 목표로 한 전면적 투쟁', 즉 독립국가 건설과정에 적극 참여하여 '여성해방의 대업'을 완성하기를 기대했다.

그러나 건국부녀동맹은 본격적인 활동을 시작하기도 전인 창립 1개월도 안 되어 좌·우로 나뉘어 심한 반목을 겪었다. 특히 건준의 해체와 조선인민공화국朝鮮人民共和國 공표를 기점으로 여성계에서도 좌·우익의 갈등이 표면화되었다. 갈등의 요인은 국가건설의 지향점이 서로 달랐고, 당시 정치권의 좌·우익 대립이 강하였기 때문이다. 좌익여성에게 '완전한 독립국가'는 인민민주주의 공화국을 뜻하는 것이었던 반면, 우익여성들이 주장한 독립국가는 자유주의적인 민주주의 국가였다.

한국애국부인회 결성

우익여성들이 건국부녀동맹을 탈퇴하여 만든 최초의 단체는 한국애국부인회韓國愛國婦人會이다. 1945년 9월 10일 건국부녀동맹을 탈퇴한 유각경, 이효덕李孝德, 양한나梁漢拿 등이 주축이 되어 결성한 이 단체는 일제강점기 여성비밀결사대였던 송죽회와 애국부인회를 계승한 단체이며, 정치적으로는 김구金九와 이승만李承晩의 노선을 지지한다는 입장을 밝혔다. 단체 강령은 다음과 같다.[3]

- 강령

1. 지능을 계발하여 자아 향상을 기함.

1. 민족공영의 사회건설을 기함.

1. 여권을 확충하여 남녀 공립共立을 기함.

- 선언

새날은 왔다. 암흑에서 광명으로, 압박에서 해방으로 용왕매진하자. 그러나 오히려 우리의 전도는 다난하며 우리의 시야는 황량하다. 우리의 독립의 대업을 완성함에는 허다한 형극의 길을 돌파하여야만 된다. 여성 대중이여, 이 민족의 행복과 번영을 위하여 분골쇄신의 정신으로 우리의 총역량을 결집하야 분투노력하자.

궐기하라! 여성동지여! 안으로는 독립국가의 완성 운동과 밖으로는 세계 신질서 건설에 협력하자. 이 사명과 책임이 우리 쌍견에 지워졌다. 이에 우리 동지들은 이념을 합하여 별항의 강령을 세우고 널리 삼천리 근역에 외치나니 동지여! 단결하자. 우리의 국가를 반석 위에 재건하기 위하야. 분투하자. 우리의 신념을 투철하기 위하야. 노력하자. 우리의 지위를 향상시키기 위하야. 이에서 비로소 반도강산은 우리 자손만대의 낙토가 될 줄 확신한다.[4]

- 임원

위원장: 유각경

부위원장: 양한나

총무부장: 박원경

재정부장: 이계영李桂暎

유각경(兪珏卿, 1892~1966)

일제강점기와 해방 이후 활동한 여성운동가이며, 기독교인으로서 YWCA 창설 및 전국적인 조직 확대에 기여한 인물로, 유길준의 동생인 유성준의 딸이다. 1927년에는 신간회의 자매단체격인 근우회를 조직하였고, 근우회가 해체되자 YWCA 운동에 주력하였으며 1935~1940년에 조선여자기독교청년연합회 회장, 1940년에는 여자기독교절제회 회장을 역임하였다. 그러나 이 시기 조선임전보국단 강연에 참여하는 친일적 활동도 보였다.

문화부장: 박마리아朴瑪利亞

지방부장: 이효덕

선전부장: 최이권崔以權

평의원: 김미리사金美理士, 신申알버트, 양매륜梁邁倫,

홍애덕洪愛德, 이민천李閔天

한국애국부인회는 주로 여성들을 모아 애국가를 가르치고 위생강좌, 정치강좌 등 의식 강화를 위한 부인계몽운동을 전개하였다. 또한 1945년 말 신탁통치안이 발표된 이후에는 반탁강연회 등의 활동을 적극적으로 펼쳤다. 한국애국부인회는 1946년 4월 독립촉성애국부인회로 통합됨으로써 해체되었다.

독립촉성애국부인회 결성

해방을 맞은 한국민족의 최대 과제는 독립국가 건설이었다. 그러나 당시 주요 정치세력들의 국가건설 구상은 해방정국에 대한 인식과 이념의 차이에 따라 서로 달랐다. 그리고 이를 둘러싼 갈등을 겪으면서 해방정국은 혼란에 빠졌다. 그 혼란의 커다란 분기점으로 작용한 것이 1945년 12월 말 국내에 알려진 신탁통치 실시 내용이었다.

1945년 12월 27일, 한국에 5년간의 신탁통치가 실시된다는 《동아일보》의 보도는 당시 모든 정치세력들에게 커다란 충격

신탁통치반대운동 모습

을 주었다. 이 소식이 알려진 초기에는 좌·우를 막론하고 국내의 모든 정치세력, 사회단체들은 공동으로 신탁통치 반대를 선언하고 강력한 반탁운동을 전개할 것을 결의하였다. 그러나 며칠 후 모스크바 3상회의안에 따라 좌·우익의 입장이 나뉘면서 해방정국은 신탁통치를 둘러싸고 찬탁과 반탁 세력으로 분열되었다.

한편 1945년 12월 말, 박순천, 박승호 등은 "건국부녀동맹의 회원들 대부분이 순수한 여성운동보다는 좌익 계열의 지령을 받아 움직이는 꼭두각시"이기 때문에 건국부녀동맹을 탈퇴한다고 발표하고 우익여성들을 중심으로 조직 정비에 나섰다.[5]

신탁통치안이 국내에 알려지면서 우익세력들은 연일 반탁시위를 진행하였다. 이때 우익 여성지도자들은 비조직적인 시위만을 진행할 것이 아니라 조직적이고 체계적인 반탁운동을 전개할 필요성을 제기하며 독립촉성중앙부인단獨立促成中央婦人團을 결성하였다. 창립대회는 김미리사, 유각경, 황기성, 임영신 등의 발기로 1946년 1월 9일 YWCA회관에서 있었다. 초대회장에는 황기성, 부단장에는 박순천이 각각 선출되었다.[6]

그리고 이후 박순천의 독립촉성부인단과 유각경의 한국애국부인회는 하나로 통합하였다. 1946년 4월 5일 서울 인사동에서 양한나의 개회사로 시작된 통합대회에서는 단체의 명칭을 독립촉성애국부인회이하 독촉애부로 정하고 회장에 박승호, 부회장에 박순천, 황기성을 선출하였다. 독촉애부는 정기적으로 화요강좌를 개설하여 여성들의 의식계몽에 주력하면서 전국적인 순회강연 등으로 좌익세력과 부단한 투쟁을 하였다. 그리고 전국대회를 개최하며 여성 단결을 강조하였다.

이날 박순천은 "여성의 순정을 바쳐 두 단체가 마치 신부, 신랑이 결혼하여 한몸이 되는 것과 같이 합치고, 나아가서는 우리 1,500만 여성이 합치기를 원한다"는 취지의 설명을 덧붙였다.[7]

독촉애부의 결성은 미·소공동위원회가 열리기 전 남한의 우익단체들을 통합하려는 시대적 분위기와도 관계가 있다. 이미 1946년 2월 임시정부 중심의 비상정치회의준비회非常政治會議準備會와 이승만의 독립촉성중앙협의회獨立促成中央協議會가 합작하여 비상국민회의非常國民會議를 발족했으며 2월 8일에는 독립촉성중앙협의회가 독립촉성국민회獨立促成國民會로 개칭되었다. 이러한 상황에서 비슷한 활동을 하는 한국애국부인회와 독립촉

1946년 미·소공동위원회에서 대화를 나누는 미국대표 하지 중장(좌측)과
소련대표 스티코프(Terenti F. Stykov) 중장(우측)

성중앙부인단의 통합은 자연스러운 것이었는지 모른다.

전국이 반탁 열기에 휩싸여 있을 때 독촉애부 대표들은 다른 우익여성단체 대표들과 함께 하지John R. Hodge 장군을 방문하여 여성들의 반탁 결의를 재천명하였다. 미군정사령관 하지 장군은 순식간에 전국적으로 반탁의 물결이 거세어지자 신탁통치를 반대하는 한국민에게 양해를 요망하는 기자회견을 열어 미국의 입장을 표명하고 신탁통치를 반대한다는 뜻을 밝히며, 이는 단순한 원조의 의미임을 설명했다.[8] 그러나 박순천 등 우익여성단체를 이끌던 여성운동가들은 신탁통치는 독립국가 건설의 보류라고 생각하고 여성운동을 반탁운동 중심으로 전개하였다.

이와 같이 한국여성계는 반탁운동을 통해 여성조직의 통합을 이끌어내는 효과를 얻었다. 독촉애부는 반탁운동의 성과를 여성 정치세력의 성장으로 연결시켰다. 1946년 6월 독촉애부는 전국대회를 준비하면서 조직을 전국적 규모로 확대하기 위한 작업을 추진하였다. 이것은 조직을 군 단위까지 확대하여 한국의 모든 여성을 조직화하고자 하는 의도였다.

독촉애부는 1946년 6월 18일부터 20일까지 전국부녀단체대표자대회를 개최함으로써 본격적으로 활동을 시작하였다. 6월 18일 김구, 이승만 내외 등 국내 지도자들과 전국의 지방 여성대표 730여 명과 방청인 등 1천여 명이 모인 가운데 박승호의 개회로 대회가 시작되었다. 박승호는 이날 "나는 이 자리에서 개회사를 말하기보다 여러분과 같이 실컷 울고 갔으면 좋겠습니다. 빛나는 반만년의 역사를 묶이고, 침묵을 지키고 있던 우리 여성의 역사는 조선의 역사가 새로 살아옴과 함께 다시 살아왔습니다. 1,500만 여성이여, 한데 뭉쳐 우리 조선을 찾기로 하자"며 여성단체 통합에 대한 감격을 개회사를 통해 밝혔다.[9]

첫날 대회는 "부인의 권리도 조국 광복이 있은 다음에 있으니 우선 여성의 피와 힘과 땀으로써 독립을 전취하고 풍족한 경제를 건설하자"는 구호를 함께 외치며 마무리되었다.[10]

그리고 다음날 일정은 유각경의 사회로 각 도 대표의 지방 보고와 지방 대표의 소감을 듣는 것으로 시작되었다. 이날 경남 대표 한신광韓晨光은 "우리 여성의 좌·우단체가 급속히 합작한다면 자연히 남성들도 따라오게 될 것이니 중앙에 있어서 좌·우 여성단체가 합치도록 노력해주기 바란다"는 요지의 연설을 하였다.

그리고 마지막 날에는 박인덕朴仁德의 사회로 독립 촉성, 조직 확대강화, 경제 진흥, 신생활운동 계몽사업, 기관지 발행, 직업소개소 설치, 탁아소 설치, 전재동포구호사업 등 각종 의안을 결의하고 다음과 같은 메시지를 채택하였다.[11]

- 결의문

좌우와 남북이 통일된 자유정부 수립에 우리 여성은 피로써 맹세하고 적극 협력하려 한다.

1,500만 우리 여성은 총 단결하여 국산품을 애용하고 생산에 적극 협력함으로 조국경제건설에 공헌하고자 한다.

근로 질서 간편 청소의 신생활을 전개하여 건설국민의 문화향상을 도모하려 한다.

- 메시지

1. 세계 인류의 정의와 인도를 위하여 많은 생명과 물질을 희생

하면서 잘 싸운 연합군에 대하여 축하와 사례의 뜻을 표함.

2. '카이로', '포츠담' 선언에서 조선이 자주독립을 약속하고 이제까지 우리 국가 재건에 협력하여주는 연합제국에 감사함.
3. 우리에게 공약된 완전독립이 하루빨리 실현되도록 원조하여 주기를 갈망함.
4. 우리 삼천만 민족은 다 같이 생명을 걸고 신탁통치에 반대함.
5. 3·8선은 우리나라의 경제재건과 민족통일을 방해하여 자주독립 실현을 지연시킬뿐더러 국가와 민족의 생명을 분단하는 사선이므로 급속 철폐를 고대함.
6. 민주주의 원칙에 의하여 우리 정부는 우리 손으로 수립하게 하고 이 정부를 세계에서 승인하도록 원조하기 위하여 미·소·영·중·불 등 5대 연합국은 조인하여주기를 열망함.
7. 미·소공동위원회를 속히 열어 조선독립과 경제부흥을 조장하는 동시에 그 주권의 불가침을 보장하는 서약 협정을 공동으로 발표하여주기를 요망함.
8. 우리도 세계 안전보장이사회에 참석하여 우리 민족의 독특한 평화성을 세계평화에 제공케 할 것.

독촉애부는 전국대회를 개최하면서 중앙조직뿐 아니라 지방조직 구성에도 박차를 가하였다.[12]

위원장: 박승호

부위원장: 황기성, 박순천

총무부장: 박봉애　　재정부장: 이진구

기획조사부장: 이숙종李淑鍾　　정보부장: 박인덕

외교부장: 김메례金袂禮　　정치부장: 황신덕

조직부장: 송금선　　지방부장: 유각경

생활정보부장: 황애덕　　후생부장: 한소제韓小濟

근로부장: 이경애李慶愛　　산업부장: 김영순金英順

문예부장: 김정옥金貞玉　　출판부장: 최이권

선전부장: 허영순許永淳　　상무간사: 박영복朴永福

독촉애부는 1년에 한 번씩 각 지부 대표자들이 모인 가운데 전국대회를 가졌으며, 중앙의 경우 1주일에 한 번씩 회의를 열고, 중대한 결의사항이 있을 경우 총본부 부장회의를 열어 의결사항을 토의하였다. 또한 비정기적으로 각지부 부장회의를 열기도 하였다. 그리고 대부분의 활동사항은 중앙집행위의 부장회의나 지부장회의에서 결정되어 실행에 옮겨졌다.[13]

이들이 지향하는 국가의 형태는 미국이나 영국과 같은 자유민주주의 국가였다.[14] 이들은 서구 자본주의 국가를 자유와 평등을 보장해주는 자유민주주의 국가로 규정하고, 민주주의를 "여성문제 해결의 열쇠"로 인식하였다.[15]

독촉애부 활동의 주요 목표는 여성의 능력개발과 권리확대, 그리고 이를 통한 여성의 지위 향상이었으며, 이를 위해 여성의 참정권 등 정치적 권리 획득을 주장하였다. 독촉애부는 대한민국 정부가 수립될 때까지 다른 우익단체들과 연합하거나 독자적인 형태로 신탁통치반대운동과 단정수립운동을 벌이고 강연회나 교양강좌 등을 개최하는 방식으로 활동하였다. 5·10총선거와 관련하여서는 독촉애부 기관지라 할 수 있는 《부인신보》에 여성의 선거 참여를 적극적으로 선전·홍보하며 계몽운동을 펼쳤다.

> 한 나라가 잘되고 못됨에 대한 책임은 반드시 여자가 져야 할 것을 깊이 깨닫고 오랫동안 지켜오든 습관이나 그대로 앉아 있을 수 없다. 현상유지를 깨칠 것은 깨치고 새로 세울 것은 세워서 나라를 빛나게 하는 일에 싸우는 여성이 되자. 남자만이 나라를 세우는 데 책임이 있는 것이 아니다. 남자만이 책임지고 나랏일을 의논하고 실행한다고 생각해서는 큰 잘못이다. 여성에게는 이미 총선거의 법령이 내렸다. 가정만이 우리의 안식처라 생각하고 이 법령을 담당할 수 없다는 태도를 가진다면 이는 얼마나 부끄러운 일인가?
>
> 《부인신보》 사설, 1947년 10월 5일

1948년 6월 현재 전국 회원이 400만 명이며, 300여 개의 지부를 가지고 있던 독촉애부는 1949년 서울시부인회와 통합하여 대한부인회로 개편되기까지 남한의 대표적인 우익여성단체로 활동하였다.

대한부인회로 여성단체 통합

1949년 초 대한부인회大韓婦人會는 전국적인 조직이 되기 위한 작업에 돌입하였다. 여성단체의 총단결을 위하여 대한부인회를 중심으로 군소群小 여성단체들을 통합하여 단일체를 결성하자는 것이었다. "우리는 우리의 힘을 나라를 위해 바치자", "국민의 단결은 어머니의 힘으로"라는 구호 아래, 기존의 일체 여성단체를 해산하고 반관반민半官半民의 부인단체를 결성하기 위하여 박순천, 박승호, 유각경 등은 4월 말까지 전국 시·도 본부 및 시·군 조직을 완료하였다. 5월 2일 대한부인회 전국대의원대회창립총회를 거행하는 날 여성대표들은 감격에 겨워 마냥 눈물만 흘렸다.

이날 전국대회는 전국 각 지방에서 올라온 대의원 200여 명의 회원들로 열기가 가득했다. 대한부인회 회장에는 발기총회 이후 1년 동안 전국적인 조직을 위해 발 벗고 뛰었던 박순천이 거의 만장일치로 추대되었고, 부회장에는 박승호와 유각경이 선출되었다. 이때 대한부인회 창설위원에는 박순천, 박승호, 유각경 등을 비롯하여 황신덕, 김철안, 황애덕, 최은희崔恩喜, 임영신, 박현숙, 김성실金成實, 이예행李禮行, 송금선宋今璇, 박인순朴寅順, 양배상梁培常 등 대한민국 여성계의 기라성 같은 인물들이 대거 참여하여 역사상 가장 방대한 여성단체를 탄생시켰다.

또한 본부에 총무, 재정, 조직, 사업, 외교부 등 5개 부서를 두고 시·도 본부, 시·군 지부, 읍·면·동 지회를 두었다. 대한부인회는 남자를 임시로 사무국장에 임용하기도 하였다. 그리고 국고 보조로 운영하였기 때문에 예산 담당도 재무부에서 남자 직원을 데려오는 등 여성조직이라고 여성만을 고집하지 않는 열린 자세를 보여주었다. 5월 2일 전국대회에서는 다음과 같은 강령이 채택되었다.

1. 우리는 우리의 힘을 나라 위해 바치자.
2. 우리는 상애·상조하여 국민문화를 세우자.
3. 우리는 우리의 지위를 향상시키자.

대의원들은 대한부인회의 사업목표를 첫째, 남북통일이 될 때까지는 일체 정치에 관여하지 않으며, 둘째, 군경원호와 여성계몽·불우여성 구호에 전념한다는 두 가지로 명확하게 설정하였다. 그리고 이날 생활 간소화, 애림愛林, 한글 신술어新術語 제정 반대 등을 당국에 건의하기로 결의하고 해산하였다.[16]

여성단체의 통합체로 결성된 대한부인회는 주요사업으로 국민생활개선사업, 문맹퇴치, 예의범절 교육 등에 치중하였다. 특히 국민생활개선사업으로 부식은 삼채일탕三菜一湯, 세 가지 반찬에 한 가지 국, 이채일탕二菜一湯, 두 가지 반찬에 한 가지 국으로 간소화하고 주식은 보리, 콩, 좁쌀을 장려하는 식생활 사업을 펼쳤다.

또한 의생활 간소화를 위하여 폭 넓은 치마와 화려한 옷 안 입기 운동, 통일이 될 때까지 저고리에 옷고름 안 달기 운동도 벌였다. 이 운동은 부산 피란시절까지 계속되었으며, 남성 국회의원들도 이 운동에 동조하여 부산 광복동 네거리에 나가 마이크를 잡고 "비로도벨벳, 유똥비단 치마를 입지 맙시다"라고 열띤 연설을 하면서 대한부인회 사업에 적극 호응하기도 했다.

그러나 이러한 의생활 간소화 운동도 그 당시 피란 수도를 휩쓸던 일부 계층의 퇴폐풍조를 막아내지는 못하였다. 그리고 대한부인회 사업이 다소 물의를 일으키자 당시 정부 고위당국자는 "이미 있는 옷은 그대로 입는 것이 좋다"는 담화를 발표하기에 이르러, 애써 벌여온 의생활 간소화 운동을 약화시키기도 하였다. 그러나 대한부인회 간부들은 비경제적인 가정생활, 의생활을 지양하고 합리적인 소비생활, 주생활 등을 강조하는 운동을 계속해서 진행했다. 대한부인회를 중심으로 전개된 이러한 여성운동은 여성문맹을 퇴치하고 생활의식을 개선함으로써 궁극적으로 여성의식 변화에 많은 영향을 미쳤다고 할 수 있다.

대한부인회의 재정은 회원들의 회비, 찬조금, 그리고 정부의 보조금으로 운영되었다. 대체로 회원들은 매년 회비 100환圜을 납부하도록 되어 있었고, 통상 회원이 납부한 회비는 서울시와 도로 나누어 각 지부 조직의 규모에 따라 비율을 달리하여 배분한 것으로 보인다.[17] 그리고 정부 보조금은 대한민국 초기 대표적인 반관반민단체인 국민회, 대한청년단과 같이 지방자치단체장이 가구당 또는 성인여성 1인당 일정액의 회비를 거두어 각각 배분하였다. 그러므로 대한부인회 또한 반관반민단체의 성격이 강하였으며, 이로 인해 대한부인회는 정부와 밀착되는 경향을 보였다.

대한부인회를 조직한 후 박순천은 이를 "전국적인 조직으로 확장하여 거대한 여성단체로 키워서 남녀 없이 문맹퇴치 등 범국민운동을 전개"하고자 하였다. 그리고 반관반민단체의 성격을 적극 발휘하여 행정력을 통한 여성조직을 각 지역에 설립하였고, 회장인 박순천은 김활란金活蘭, 유각경, 황신덕 등과 협의하여 박승호를 부녀국장에 추천하여 임용하도록 하는 등 여성들의 행정부 진출을 적극적으로 꾀하였다.

대한부인회의 기구는 결성 당시에는 5개 부였으나 점차 규모가 확대되면서 1958년경에는 기존의 총무부, 재정부, 외교부, 조직부는 그대로 두고, 사업부를 확대하는 형태를 취하였다. 즉,

사업부 대신에 외교부, 신생활부, 선전부, 산업부, 문화부, 원호부 등으로 조직을 확대하였다. 지방조직들 또한 총무부, 조직부, 계몽선전부, 생활개선부, 원호부, 재정부, 근로사업부, 문화부 등 8개의 부서를 두었으며, 이들 기구들을 적극 활용하여 한국여성 계몽활동과 여성의 역량 강화를 위한 조직화에 주력하였다.

지역본부	창설연도	참여인물	비고
서울시	1949. 4.	회장: 한소제 부회장: 박마리아, 최은희 총무: 방호선	지부장: 중구 정현숙, 종로구 이경체, 용산구 김종하, 성동구 오인실, 성북구 문봉실, 서대문구 이옥성, 영등포구 김소성, 동대문구 이송자
경기도	1949. 봄	회장: 이경지 부회장: 황희순, 안인애, 원박애, 송신실	
강원도	1949. 3.	박인순, 최연실, 김신득, 이정숙	
경상북도	1949. 4.	회장: 김선인 부회장: 한신덕, 노복신	대구시지부 초대 회장: 이명득 조직부장: 송금순
경상남도	1949. 3.	회장: 정봉금	
충청북도	1949. 4.	회장: 임순도 부회장: 조윤순	
충청남도	1949. 4.	임도례, 유계순, 김현경, 안순득, 조배세	
전라북도	1949. 봄	회장: 차영민 김채봉, 전유택, 양난초	차영민(6·25전쟁 때 사망) 윤경옥(1953 회장, 도청 부녀계장)
전라남도	1949. 2.	회장: 현덕신 부회장: 최선희, 조아라	3대 회장 조아라(1954)
제주도	1949. 4.	회장: 고수선	성인교육협회가 모체

자료: 한국부인회총본부(1986), 《한국여성운동약사》; 정현주(2004), "대한민국 제1공화국의 여성정책 연구", 이화자대학교 박사학위논문, 72쪽

표 1 대한부인회 지역본부 창설

최초의 여성정당, 대한여자국민당 결성

독촉애부 결성 외에도 1945년 8월 17일 임영신, 김선金善, 이은혜異恩惠, 박현숙, 손진실孫眞實, 황현숙黃賢淑, 한도숙韓萄淑, 이계옥李桂玉, 안순득安順得 등과 각 도 대표 1명씩이 참석하여 대한여자국민당大韓女子國民黨 창당발기인대회를 가졌다.[18]

임영신은 창당발기 취지문에서 "민족이 해방을 맞이하게 되니 이중으로 압박을 당하였던 우리 여성들도 이제는 당당한 자유국민의 일원으로 신생국가를 건설함에 있어서 나라에 공헌하려면 정당 조직이 급선무다"라고 주창하였다.[19] 그리고 8월 18일 오전 10시 서울 종로구 안국동 윤보선尹潽善의 집에서 '대한여자국민당 창당대회'를 열어 당수에 임영신, 부당수에 김선·이은혜를 선출하고, 총무부장 박현숙, 총무 황현숙을 임명하였다. 또한 기타 부서를 편성하고 정당 조직을 갖추었다.

이날 창당대회에서 임영신은 여성의 사명을 강조하는 선언문을 발표하였다. 선언문의 요지는 "역사의 수레바퀴가 반만년의 거친 풍운을 헤치고 우리들 국민 자신의 의사를 토대로 하는 민주정권을 수립함으로써 국가 민족의 만년대계를 확립하고자 하는 오늘, 대한여자국민당은 강력무비한 조직과 철봉 같은 이론무장과 단련된 투지로 전국 여성의 선두에 서서 이 성스러운 사명을 다하고자 하는 바이다"는 것이었다. 그리고 아래와 같은 강령을 발표하였다.[20]

• 강령

1. 우리는 여성의 힘을 모아 남성으로서만 이루어질 수 없는 민주사회 건설을 기하자.
1. 우리는 자본주의가 가지고 있는 그릇됨을 배제하고 근로자 및 여성의 생활을 향상하는 건전한 민주경제 확립을 기하자.
1. 우리는 자주독립 민족으로서 민족문화의 향상으로 진정한 세계 평화와 인류의 번영을 기하자.

대한여자국민당은 서울 인사동에 임시사무소를 두고 적극적으로 활동을 개시하였다. 그리고 장차 신생정부를 지지하는 활동을 여성으로서 활발하게 전개하여 국가발전에 힘을 바치자고 다짐하였으며, 양로원, 고아원을 경영하고 문화, 종교, 농촌, 위생 등 각 분야에서 계몽운동을 펼치며 사회복지시설을 여성의 손으로 세우는 것을 목표로 천명하였다.[21]

대한여자국민당은 한편 민주사회 건설과 건전한 민주경제 확립을 강조하는 정강도 발표하여 나름대로 정당의 모습을 갖추고자 하였다. 당시 대한여자국민당이 강조했던 여성정책을 간추려보면 다음과 같다.

① 여성의 인권 옹호 및 적극적인 정치 참여

② 여성의 위험작업, 야간노동의 금지

1946년 남조선대한국민대표민주의원 결성식 모습

③ 탁아소 설치에 의한 부인노동의 기회 보장

④ 산전·산후의 특혜 휴양과 모성의 적극 보호

그리고 1945년 12월 말 한반도가 신탁통치와 관련하여 찬탁·반탁의 좌우대립 국면에 휩싸였을 때 대한여자국민당은 다른 우익단체들과 마찬가지로 반탁운동의 대열에 앞장섰다. 당시 당수 임영신과 부당수 김선, 이은혜는 하지 미군정사령관을 찾아갔다. 임영신은 하지 장군에게 "비록 신탁통치가 우리에게 지상 최대의 낙원을 가져다준다 해도 우리는 그것을 원하지 않으며 우리는 오직 진정한 자유와 독립을 원하고 있을 뿐"이라며 한국 민족이 원하는 바를 토로하였다.

그리고 대한여자국민당은 도·시·군·읍까지 전국에 30만 명의 당원을 동원하여 매일같이 '신탁통치 반대' 시위를 벌이면서 당수 임영신의 이름으로 "신탁통치는 국제적인 배신행위"라는 성명서를 발표하고 미·소 양국에게 이를 즉시 철회하도록 촉구하기도 하였다.

남한이 반탁운동에 휩싸여 있을 때, 미군정은 1946년 2월 미군정청 자문기관으로서 우익 정치지도자들을 중심으로 한 남조선대한국민대표민주의원이하 민주의원을 설립하였다. 대한여자국민당 당수 임영신은 부당수 김선과 부총무 황현숙을 추천하여 민주의원으로 선출되도록 하였다. 그리고 1946년 12월 개원한 남조선과도입법의원 의원에는 총무인 박현숙을 추천하여 선

남조선대한국민대표민주의원(南朝鮮大韓國民代表民主議院)

1946년 2월 14일 미군정의 요청으로 주한미군사령관인 하지 중장의 자문기관으로서 과도정부 수립과 한국 완전독립의 조속한 실현을 돕기 위해 설치되었다. 의원은 이승만, 김구, 김규식, 원세훈, 김도연, 안재홍 등이었으며, 여성의원으로는 김선과 황현숙이 참가하였다. 민주의원 회의는 매주 화, 목, 토요일 3차례 창덕궁에서 열렸으며, 미·소공동위원회에 관한 문제들을 검토하고, 모든 우익세력들이 미·소공동위원회에 제출할 안건을 총괄하였다. 그러나 신탁통치반대운동으로 인해 우익진영은 분열되었고, 미·소공동위원회 회의가 결렬되자 민주의원의 기능은 한계를 맞이하였다. 특히 1946년 12월 남조선과도입법의원이 설치되면서 민주의원은 사실상 그 기능을 완전히 상실하였으며, 1948년 5월 29일 제헌국회 성립 이후 정식으로 해산하였다.

임되었다. 이와 같이 해방 후 여성들은 정당이나 여성단체 조직을 기반으로 공식적인 정치무대로 진출하기 위한 행보를 시작하였다.

임영신은 1946년 5월에는 서울 종로구 인사동 중앙교회에서 전국 각처에 산발적으로 조직된 여성단체의 단합을 위해 전국여성대표자대회를 열고 여성 전체의 단합과 국가건설 시기 여성의 역할에 대해 열변을 토하였다. 대규모로 열린 이 대회에는 전국 각지의 여성단체 대표 250여 명이 모였다. 이 자리에서 임영신은 다음과 같은 취지의 연설을 하였다. "영국의 여성들은 한 표의 투표권을 얻기 위하여 많은 피와 땀을 흘렸다. 1914년 제1차 세계대전이 일어났을 때는 여성들이 발 벗고 나서 애국운동에 투신하였다. 적십자사 간호원으로서 유가족 및 출정가족들의 위문에 솔선수범했으며, 그때까지도 남자들이 독점해온 화학공장원·차장·소방수·운전사 등 모든 직업전선에 헌신적으로 참여하였다. 그리고 군부대에 들어가서 취사부와 배달부 역을 맡았으며, 프랑스에 주둔하던 영국군 부대의 막사에까지 가서 서기, 취사부, 배달부, 잡역부, 전화교환원, 우편물 취급원 등 여러 가지 어려운 일을 거뜬히 해치웠다. 이처럼 여성들의 능력이 남자들과 별다름 없다는 것이 입증되자 영국 남성들의 대다수는 종래의 여성관을 바꾸어서 그때까지 여성의 참정권을 강력히 반대했던 입장에서 완전히 찬성 쪽으로 기울어진 것이다. 이제 대한민국의 1,500만 여성들은 가난하고 어렵고 고달픈 생활 속에서도 항상 웃음과 즐거움을 가져다주는 착한 아내와 어진 어머니가 되자. 여성의 경제·정치·사회적 지위는 스스로 싸워서 찾아야 하며, 내 가정과 내 마음에 웃음꽃을 피게 하여 내 나라를 밝고 밝게 건설하자." 임영신의 이날 강연은 참석자들에게 깊은 감명을 주었다.[22]

이후 대한여자국민당은 여성의 자주성과 여권의식 향상에 주력하고 '여성은 남자에 좌우되지 않고 스스로의 힘으로 여자의 길을 걸어 나가지 않으면 안 된다'는 점을 강조하였으며, 남녀동등권을 획득하고 국가건설에 적극 동참하여 국가의 초석이 되기 위한 활동을 전개하였다.

또한 1948년 5월 10일 총선거에서 대한여자국민당은 선거에 적극적으로 참여할 것을 여성 유권자들에게 홍보했을 뿐만 아니라, 비록 모두 낙마하였으나 10여 명의 당원을 입후보시켜 여성의 정치활동의 첫발을 내딛게 하였다.

대한국방부녀회 활동

1953년 7월 27일 휴전협정이 조인되자 임영신은 대한여자국민당의 방계단체로 대한국방부녀회大韓國防婦女會를 조직하기 위해 8월 초순 대한여자국민당 서울시 당수 최은희 등 간부들을 모아 1차 간담회를 가진 후, 서울 중구 회현동 자택에서 발기인의 서명날인을 받았다. 이때 발기인은 임영신, 김현숙金賢淑, 김철안, 김노전金魯全, 최은희, 양배상梁培常, 박금순朴今順 등이었다.

1953년 8월 말 충청남도 대전의 도청 회의실에서 각 도 대표 60여 명이 참석하여 발기인총회를 열었고, 10월 10일에 서울 인사동 승동교회에서 각 지방 대표 150명이 참석하여 대한국방부녀회를 창립하였다. 이날 회장에 임영신, 부회장에 김노전 등을 선출하였고, 중앙집행위원 30명을 선정한 후 즉시 경무대의 대통령을 예방했다.

임영신은 대한국방부녀회를 창립하면서 "우리 단체는 정치적인 색채는 일절 띠지 않는 순수한 애국운동단체로서, 군인 유가족과 상이군경을 원호하고 위문하기 위해 발족하였으며, 나이팅게일과 잔다르크의 정신으로 출발한다"는 뜻을 밝혔다. 그리고 창립취지서에서 다음과 같이 밝혔다.

> 통일 없는 휴전은 민족의 죽음이다. 3천만 겨레의 피 끓는 호소와 절규는 보람 없이 무너지고 우리의 주권을 무시한 굴욕적인

1953년 7월 27일 휴전협정 체결 당시의 모습

휴전협정은 이뤄지고 말았다. 이 미증유未曾有의 국란에 봉착한 우리 겨레의 앞날은 또 다시 파괴적인 전쟁으로 유도되느냐, 정치적으로 평화를 재건하느냐의 이데올로기 대립이라 할 수 있다. 그러나 조국의 아들, 딸이 어찌 오랑캐와 더불어 축복을 받으며 적구의 아성인 크렘린이 어찌 평화의 전당으로 변할 수 있으리오. 3천만이 다 같이 전사가 되어 힘과 마음과 정성을 합할 때 승리의 나팔은 지축을 흔들 것이며 평화의 금자탑은 찬란히 빛날 것이다. 공중을 날아가는 비행기나 총칼을 번득이는 일선 장병만이 전사戰士가 아니라 고지에 탄약과 식량을 나르는 지게부대나 보급로를 건설하는 노동자도 다 같이 용감한 전사들이다. 한 개의 탱크나 한 개의 대포도 그에 상응하는 도로가 없으면 기동력은 무엇으로 발휘할 것이며 방망이 움켜쥐고 빨래터로 달리는 행주치마 두른 어머니들이 상이군경의 뒷바라지를 하는 것도 전사의 한몫을 하는 것이다.

의녀義女 논개論介는 누구의 자랑이며 크리미아전쟁 때 인애仁愛의 여신으로 1만 명의 군사에게 그림자까지 키스를 받던 영국의 나이팅게일이나 백년전쟁에서 프랑스를 구한 소녀 잔다르크는 전 세계 모든 여성의 귀감이 아니고 무엇인가? 한 개의 물방울이 모여 큰 바다를 이루거늘 애국의 정열에 불타는 우리 여성들은 스스로 분발하여 모름지기 한 깃발 아래서 이 나라를 받들고자 이제 전국적인 조직을 가진 국방부녀회를 발족하고자 한다.[23]

대한국방부녀회는 "'약한 자여, 네 이름은 여자이니라' 하고 말하던 시대는 이미 흘러갔다"고 주장하였으며, '굳세라, 네 이름은 여성이니라'라는 구호와 비정치성, 애국심을 강조하며 전쟁기의 힘들고 어수선한 상황, 전쟁의 상처 등을 어머니의 인자한 마음과 여성의 헌신적인 봉사, 그리고 여성의 강인함으로 극복하고자 하였다.

대한국방부녀회의 주요 활동으로는 크게 군경원호를 들 수 있다. 이들은 1953년 10월 24쌍의 합동결혼식을 주선하고, 육·해·공군 합동위령제에 화환을 보내며 전쟁에 참여한 이들의 노고에 관심을 기울였다. 또한 대한국방부녀회는 그해 11월부터 잡지《여성계》3,300부를 매월 일선 지구 장병들에게 보냈으며, 12월에는 서울 시내 을지로입구 여성단체총협의회 빌딩 4층에 '휴가장병 휴게소'를 설치하였다. 이곳에는 매일 회원 30명씩 교대로 봉사대를 배치하여 1천여 명의 장병들에게 다과, 떡 등의 간단한 식사와 장기, 탁구, 트럼프 등의 오락거리를 제공하는 등 그들이 즐겁고 편안하게 지내며 짧은 시간이나마 전쟁으로 인해 받은 심신의 상처를 치유하도록 하였다. 그리고 역시 12월에는 국방부장관 부인에게서 200여 권의 책을 기증받고, 임영신과 부녀회 회원들이 백미 15가마와 팥 1가마를 내놓아 시루떡을 쪄서 수도육군병원과 육군외과병원, 육군내과병원, 해병대병원 등을 방문하여 부상 장병들에게 고루 나누어주며 시대의 아픔을 어루만져주고자 하였다.

그리고 대한국방부녀회는 전투에 참여한 군인들뿐 아니라 그들의 가족에 대한 위무, 특히 전쟁미망인에 대한 경제적 지원을 무엇보다도 중요하게 생각하였다. 이에 대한국방부녀회는 1954년 1월 전쟁미망인 후원고문회의 가입단체가 되어 미망인들이 제작한 각종 가공 생산품을 육군 PX 2층에 진열, 판매하였다. 그리고 매년 현충일과 추석에는 국립묘지를 참배하고 일선 장병 및 상이군경 가족을 위문하는 활동을 꾸준히 전개하였다. 이 외에도 대한국방부녀회는 당시 여자경찰서와 사회부의 직제에서 부녀국 폐지설이 있을 때, 그 존속을 정계 및 관계 중요 부서에 진정하고 이를 관철키 위해 시위를 벌이기도 하였다. 또 여권옹호 발기단체에 적극 동참하는 한편 회원들 간의 관혼상제 시에도 적극적으로 봉사활동을 했다.

전국여성단체총연맹 결성

1946년 5월, 한반도 문제해결을 위해 열린 제1차 미·소공동위원회가 결렬되고 전국적으로 반탁투쟁이 가열되는 등 국내·외 정세가 복잡해지고 좌·우익 세력의 충돌은 갈수록 심각해지는 상황에서 여성들이 먼저 나서서 통합운동을 전개해 혼란한 정국을 타개하고 신생국가의 힘이 되자는 분위기가 형성되었으며, 이는 여성단체들의 많은 공감을 얻기 시작하였다.

1946년 11월 15일 우익여성단체인 대한여자국민당, 불교여성총연맹, 가톨릭여자청년연합회, 여자기독교청년회, 독촉애부, 천도교내수회, 부녀국 등은 '독립 완수는 여성의 단결로'라는 구호를 내걸고 서울에서 전국여성단체총연맹全國女性團體總聯盟, 이하 여총을 결성하여 연대활동을 시작하였다. 각 단체들은 자신들의 독자적 성격을 청산하고 대동단결하자는 데 합의하였으며, 황애덕의 개회사와 이승만, 김구, 하지 중장, 러치Archer L. Lerch 군정장관의 축사로 이어진 결성식에서 강령과 결의문을 발표하였다.[24]

• 강령

1. 우리는 조국의 자주독립을 기함.
2. 우리는 국토의 남북통일과 민족의 진정한 단결을 기함.
3. 우리는 세계여성과 제휴하며 인류평화의 공헌을 기함.

• 결의문

1. 우리는 조국의 자주독립을 위하여 각자의 주의주장을 초월하여 동일한 노선을 취하기로 함.
2. 우리는 민생의 활로를 개척하기 위하여 협동, 단결하여 산업건국에 최선의 방법과 최대의 역량을 집결하기로 함.
3. 우리는 각자 단체가 호상하며 사업을 협조하기로 함.
4. 우리는 여성의 지위 향상을 도모하며 인류사회에 공헌함을 기함.

• 임원

회장: 황애덕, 부회장: 황기성

총무부장: 신의경辛義敬, 박현숙, 문선호文善好

부녀국까지 포함한 여성단체협의회 기구의 성격을 띤 여총의 목표는 우선적으로 조국의 자주독립, 국토의 남북통일, 민족의 단결 등 국가건설의 문제였고, 여성의 지위 향상이나 여성문제 해결은 차선의 문제였던 것을 알 수 있다. 여총은 미군정이나 과도입법의원에 결의문 또는 건의서를 보내는 방식으로 활동을 전개하였다.

여총은 이와 같이 국가건설을 최우선 과제로 설정하였지만, 여성의 권익 향상과 관련하여 여성의 공적 영역, 즉 국회, 행정부 진출 또한 적극적으로 꾀하였다. 여총은 제1차 미·소공동위원회 때부터 입법의원에 여성들도 다수 참여해야 된다는 점을 미 군정장관과 정계인사들에게 강력하게 주장하였고, 이러한 주장에 힘입어 박현숙, 박승호, 신의경, 황신덕 등이 피선되었다고 할 수 있다. 그리고 1947년 초에는 입법의원에 남녀평등

황애덕(黃愛德, 1892~1971)

황에스터, 황애시덕으로도 불렸으며, 1910년 이화학당 졸업 후 평양 숭의여학교 교사로 부임하였다. 1913년 김경희 등 동료교사들과 송죽결사대를 조직하고 항일운동을 펼쳤다. 1918년에는 도쿄여자의학전문학교에 입학하여 김마리아, 현덕신(玄德信) 등과 도쿄여자유학생회를 조직하였다. 1919년 3·1운동에 참여하였으며, 이후 김마리아와 함께 애국부인회를 결성하여 독립운동자금을 모집하여 상하이 임시정부에 송금하는 등의 독립운동을 펼쳤다. 1925년 미국 컬럼비아대학으로 유학하여 교육학 석사학위를 받았다. 1930년에는 남편과 함께 하얼빈에서 독립운동을 펼쳤으며, 해방 이후에는 여성단체협의회 등을 조직하여 여성권익 향상을 위해 애썼다. 1952년에는 전쟁미망인과 고아들의 기술교육을 위해 한미기술학교를 설립하기도 하였다.

법 제정을 요구하는 한편 현행법규 중 여성에게 불공평하고 불리한 법률들의 즉각 폐지를 건의하기도 하였다.[25]

그리고 이 외에도 여성의 경제권을 확립하여 산업건국을 강조하며, 구체적인 방안으로 전국에 잠사蠶絲, 즉 누에치는 일을 주로 하는 산업기관을 조직하는 등 한국적 상황에 맞는 생산활동을 정부에 제안하기도 하였다.

여총은 또한 1947년 9월 5일, 신국가 건설에 필요한 여성들의 교양 신장과 신생활개선운동의 취지를 가지고 제1회 신생활지도자수양회新生活指導者修養會를 열흘간 개최하였다. 각 분야의 저명인사들이 나와 강의를 한 이 수양회는 성황을 이루었다.[26]

여총이 가장 활발하게 활동한 시기는 남한 단독선거가 결정

박승호(朴承浩, 1896~?)

도쿄 쓰다영학숙(津田英學塾)을 졸업하고《동아일보》기자로 활약하였다. 해방 직후 건국부녀동맹 결성에 참여하였으며, 독립촉성애국부인회 회장을 지냈다. 1946년 이승만의 민족통일총본부에 참여하였으며, 남조선과도입법의원으로 활약하였다. 창덕여고 교장 재임 중 6·25전쟁이 발발해 납북되었다.

신의경(辛義卿, 1897~?)

일본 도호쿠대학(東北大學)을 졸업한 후 이화여전에서 교편을 잡았다. 조선인민당 부녀부장과 전국여성단체총연맹의 총무로 활동하였고, 남조선과도입법의원으로 활약하였다.

된 이후라고 할 수 있다. 여총은 총선거법에 대한 해설, 강연회, 여성들의 총선거 참가 촉구 강연회 등을 개최하여 여성유권자들을 선거에 조직적으로 동원하기 위해 노력하였다. 그리고 회장 황애덕을 비롯한 여성 입후보자를 선거에 내보내는 등 여성의 정치참여에 적극적인 모습을 보여주었다. 또한 여총은 총선거 실시일이 다가오자 여성중앙선거대책위원회를 조직하여 선거구 대책위원, 동 대책위원, 반 책임자 등을 정하고 각 반별로 호별 방문하여 여성유권자들의 선거 참여를 독려, 동원하였다.[27]

1948년 정부가 수립된 이후에도 여총은 입법활동에 지속적인 관심을 보였으며 1950년 3월에는 국회에 축첩폐지법을 상정하도록 의원들을 개별적으로 만나 설득하는 일을 전개하기도 하였다. 또한 여총은 1954년 5월 20일 국회의원선거 시 여성후보를 출마시켰을 뿐만 아니라 여성들은 다음과 같은 사항을 주장하는 후보자에게 투표할 것이라며 선거기간을 여권의식을 확대하는 기회로 활용하였다.[28]

① 개헌안에 찬동하는 자

② 금주 법안에 찬동하는 자

③ 축첩자 처단법에 찬동하는 자

④ 여권 확충안에 찬동하는 자

서울보건부인회의 활동

1946년 5월 30일, 의사와 교육자들을 비롯한 453명의 여성들이 서울에서 보건국장 박승목朴勝木, 보건과장 이종규李鍾奎의 지원을 받아 서울보건부인회를 결성하였다. 결성 취지는 국가건설의 기본단위는 가정이며, 가정이 튼튼하고 국민이 건강해야 부강한 국가를 만들 수 있다는 것이었다. 그리고 각 가정의 건강과 보건의 책임은 여성들에게 있다며, 여성 책임의 막중함을 강조하였다. 창립대회에서는 창립준비위원 김용희金龍喜가 개최를 선언하고, 민정장관 안재홍安在鴻, 서울시장 김형민金炯敏, 부녀국 고문 헬렌 닉슨Helen Nixon, 황기성 등이 축사를 해주었다. 그리고 임원들을 선출하고 선언문을 발표하였다.[29]

- 임원

  위원장: 김미리사金美理士

  부위원장: 최은희, 방덕흥龐德興

  록사錄事: 손소희孫素熙

  위원: 홍애시덕洪愛施德, 길정희吉貞姬, 장문경張文卿, 김용희, 최연하, 이채희, 민부귀, 방순경方順京, 문남식, 차사백車士伯, 박은혜朴恩惠, 정희로, 정양자, 장봉순, 김낙신, 주명길, 김미재, 안수경, 정자영, 김복인, 최경진, 손치정, 김현실, 김동옥, 이애주, 임영숙, 이태경, 김순복, 김귀인 이하 33인

• 선언문

부인은 국가의 모체다. 건전한 신체에 건전한 정신이 있고, 건전한 정신으로 한 국가를 건설할 수 있으니 신국가 건설도상에 있는 우리 대한부인은 모름지기 단결하여 민족의 보건과 생활향상에 노력하기를 선언한다.

• 강령

1. 우리는 민족의 보건 향상으로서 국가건설에 공헌함을 기期함.
1. 우리는 민족의 생활개선으로서 국가복리에 증진함을 도圖함.

서울보건부인회의 주된 활동은 서울시의 외곽단체로서 청소방역을 기본으로 하여 깨끗한 서울, 명랑한 서울을 이룩하자는 것이었다. 서울시를 청결한 도시로 만들기 위해 서울보건부인회는 총무부, 재무부, 선전부, 조직부, 보건사업부, 청소부를 조직하여 체계적인 활동에 나섰다. 특히 청소부장 장봉순張鳳順은 서대문형무소와 교섭하여 수십 명의 죄수들과 함께 복개되지 않은 청계천 상류에서부터 오간수五澗水 다리까지 쓰레기를 깨끗하게 치우는 작업을 지속적으로 펼쳤다. 이외에도 장충단공원 안에 설치되어 있던 전재민수용소戰災民收容所 주위를 청결히 하는 등 힘든 상황에 놓여 있는 전재민의 고통을 덜어주고자 노력하였다.

서울보건부인회는 그 활동이 일회성에 끝나지 않게 하기 위해 항구적으로 진행할 수 있는 사업들도 실시하였다.[30] 그 대표적인 것은 서울시 보건위생국의 후원을 얻어 시내 각 지역에 구급소救急所를 설치하고 젖을 구할 수 없는 유아와 가난한 임산부에게 우유를 제공하는 일, 적산가옥敵産家屋을 불하받아 결핵을 치료할 수 있는 결핵요양원을 확보하는 일 등이었다. 이러한 활동은 1948년 '결핵은 망국병', '침을 땅에 뱉지 말자'라는 표어를 내걸고 전개한 결핵방지운동으로 이어져 성과를 거두기도 하였다.[31]

1945년 해방 이후 이 외에도 규모의 차이는 있었으나 많은 여성단체들이 결성되어 여성 역량의 조직화를 꾀하였다.

03

여성전담 행정기구, 부녀국의 설치

남한에 군정을 실시한 미군정은 '민주주의 질서의 확립'이라는 원칙하에 실제로 적용될 수 있는 구체적인 법령을 만들어가면서 정치, 경제, 사회, 문화 등 제반 분야에 걸친 자본주의 국가 수립을 지향하였다. 그 과정에서 남녀평등권의 실현은 민주질서 확립의 주요한 척도로 여겨졌다. 그리고 이를 실현하기 위한 조치 중 하나로 미군정은 1946년 9월 여성문제를 전담하는 행정기구인 부녀국을 설치하였다.

여성문제를 맡는 중앙기구로 설치된 사회부 내의 부녀국에는 노동과, 아동과, 연락과, 지도과, 보호과를 두어 여성의 지도와 교양에 관한 사항, 아동의 보육 및 보호시설에 관한 사항을 담당하게 하였으며, 지방조직에서도 부녀행정을 사회국 또는 사회과로 이전하여 담당하게 하였다. 그리고 부녀국장에는 반드시 여성을 임명하고, 국장에게 직원의 임명권까지 주는 특별

대우를 한 것으로 기록되어 있다.

부녀국에서는 여성의 정치, 사회, 경제 및 문화적 생활개선과 복지향상을 위한 자료 수집과 연구, 그리고 노동조건 개선과 공창제 폐지 등의 업무를 담당하였다. 그 후 미군정은 지방 부녀행정조직 설치에 착수하여 1947년 6월 서울시 내무국에 부녀과를 설치하고, 그해 10월에는 전국 시·도의 보건후생국 후생과 내에 부녀계를 설치하였다.

구체적으로 미군정법령 제107호로 공표된 부녀국 설치의 내용은 다음과 같다.[32]

제1조 부녀국의 설치

조선정부 보건후생부 내에 부녀국을 설치함. 부녀국장은 부인으로써 차에 임하며 군정장관이 임의 임면할 수 있음. 국장은 필요한 직원을 임명하여 국에 필요한 장소와 용도품을 조달할 권한이 유함.

제2조 직능 및 임무

부녀국은 좌기 직능 및 임무를 유함.

가) 조선 부인의 사회, 경제, 정치 및 문화적 개선에 관하여 군정장관에게 진언함.

나) 조선 부인의 지위 및 복지에 관한 자료를 채집하여 그 조사

연구의 결과를 발표함.

다) 조선 부인의 복리증진을 위한 좌기 사항에 관한 의견을 정부기관에 구신하여 그 표준과 방책을 제정함. 단, 좌기 각항은 예시에 불과함.

(1) 부녀의 노동조건 개선

(2) 부녀의 직장 확대

(3) 공업, 농업, 교육, 예술 등 직업 및 가정에 처한 부녀의 복지

(4) 관청 사무에 대한 부인의 활동 범주

(5) 보건 특히 임부의 보건 및 분만

(6) 부인의 참정권

(7) 매음부의 취체取締와 그 제도의 폐지

(8) 불량 부녀와 그 교정방법

(9) 부녀의 여행에 대한 일반의 보조

제3조 경비의 지출

본령 시행에 필요한 경비는 조선정부 재무과에서 이를 지출함.

제4조 유효기간

본령은 공포 후 10일부터 효력이 생함.

초대 부녀국장으로는 경기고등여자학교 교장과 도미渡美교

육사절단으로 활발한 활동을 전개하던 고황경高凰京이 임명되었고, 미국 적십자 활동을 한 헬렌 닉슨을 고문으로 두었다.

초대 부녀국장 고황경과 고문인 닉슨 일행은 각 도를 방문하여 지방유지 부인 및 여성운동단체 활동가들과 함께 부녀계 설치를 위한 좌담회를 개최하고, 부녀계 설치를 위한 준비조직으로서 '부녀국 지방조직 실행위원회'를 조직하였다. 그 결과 1947년 7월 초 서울시에 부녀과가 설치된 이래, 1948년 2월까지 9개 지방에 부녀계가 설치되었다.

당시 부녀국 담당자들은 부녀국 업무의 핵심은 한국여성의 지위 향상이고, 그 사업의 범위는 육아를 포함하여 한국여성에 관계되는 모든 부문이라고 생각하였다.[33] 1947년 말에는 특히 보선법과 공창제 폐지에 대하여 각 도 부녀국 대표들에게 강습회를 열 정도로 해당 시기의 주요 현안과 여성계의 주요 과제들을 해결하기 위한 활동 등을 전개하였다.[34] 1948년 들어 부녀국은 당시 여성들의 높은 문맹률과 남한 단독 총선거 참여에 대한 대국민 홍보의 필요성에 따라 교육과 참정권 실시 강조 등에 대한 업무를 강화하였다.

부녀국 설치와 관련하여 당시 여론 또한 "조선에 있어서도 부녀자의 사회, 경제, 정치, 문화 등 각 방면에 걸친 완전하고 동등한 민주주의 이념을 실현하기 위해서 부녀국을 설치하였으며, 조선 부녀자 장래에 있어 정당한 지위를 차지하게 하려는

의도의 직접적인 표현"이라며 기대를 걸었다.[35]

미군정기 부녀국은 부인국 설치령 제2조 '가'항 '조선부인의 사회, 경제, 정치 및 문화적 개선'을 위해 의식주의 실생활 개선부터 시작되어야 한다는 점을 인식하고 생활개선을 위한 계몽사업을 활발하게 전개하였다.

그러나 실질적으로 부녀국 각 과의 계별 업무는 정부 수립 이후인 1949년에 정립되었다. 이 시기에 부녀국의 업무는 지도 업무, 생활개선 업무, 보호 업무의 셋으로 나뉘었다. 지도 업무는 여성의 사회적 지위 향상을 위한 업무로, 부녀지도자 양성, 접객부 교화, 여성단체 지도 등이 포함되었다. 그리고 생활개선 업무는 의식주 생활개선과 관혼상제 등 국민 관습을 개선하는 업무였다. 보호 업무에는 여성의 모성보호 관련 업무와 취약여성 보호 업무, 아동보호와 양육에 관한 업무가 포함되었다.[36]

부녀국의 한국여성을 위한 활동

미군정법령 107호에 규정된 부녀국의 임무는 한국여성의 정치, 경제, 사회, 문화적 지위 향상을 위한 조사, 연구 및 대책 마련 등으로 매우 광범위한 것이었다. 군정기 부녀국의 실제 활동은 대체로 3가지의 범위 내에서 전개되었다. 첫째는 여성에 대한 계몽활동, 둘째는 공창제 폐지와 그에 대한 대책, 그리고 셋째는 여성운동단체에 대한 통제 등이었다. 계몽활동의 주요 수단

1949. 12. 14. 사회부령 제2호

과명	계명	업무
지도과	기획계	부녀사업의 계획 수립에 관한 사항
		부녀사업 지도자 양성에 관한 사항
		국제여성사업 조사 및 대외선전에 관한 사항
		국내 타과와 과내 타계에 속하지 않는 사항
	교도계	부녀의 정치 · 경제 · 문화 · 사회의 질적 향상에 관한 사항
		가정에 관한 사항
		접객부 등의 교화 지도에 관한 사항
		여성단체의 지도 연락에 관한 사항
생활개선과	연구계	신생활정책의 기획, 수립에 관한 사항
		국민생활의 조사연구에 관한 사항
		과내 타계에 속하지 않는 사항
	장려계	국민복지 개선 장려에 관한 사항
		국민식생활 개선 장려에 관한 사항
		국민주택 개선 장려에 관한 사항
		관혼상제 등의 개선 장려에 관한 사항
		기타 국민 관습의 개선 장려에 관한 사항
보호과	보호계	일반여성 및 임산부의 보호대책에 관한 사항
		직업여성 보호에 관한 사항
		부녀의 보호 상담에 관한 사항
		보호시설의 지도감독 및 조성에 관한 사항
		과내 타계에 속하지 않는 사항
	아동계	여성 및 유아의 각종 통계에 관한 사항
		여성의 취업상황, 조사에 관한 사항
		아동보호 및 양육지도에 관한 사항
		모성교육의 지도에 관한 사항
		보육시설의 지도 조성에 관한 사항
		아동건강 상담에 관한 사항

출처: 정현주(2004), "대한민국 제1공화국의 여성정책 연구", 이화여자대학교 박사학위논문.

표 2 부녀국의 과별 업무(1949년)

으로는 강습회와 강연회 개최, 그리고 출판활동을 들 수 있다.

부녀국은 부녀활동의 지도적 위치에 있는 여성을 대상으로 지도자 강습회, 지방 부녀대표자 강습회, 지방 부녀계장 회의, 각 도 대표 부녀국 지방연락원 강습회, 부녀사업 지도자 양성 강습회, 걸스카우트 지도법 강습회 등을 개최하는 한편, 일반 여성을 대상으로 직장여성 강습회, 부녀수양 강습회, 어머니 학교 등을 개최하였다.

보다 구체적으로 살펴보면 부녀국에서는 체계적으로 서울과 지방을 순회하며 부녀강습회를 개최하고, 지방에 부녀국을 설치하면서 적극적으로 여성계몽운동을 실시하였다. 부녀국은 1947년 9월 이후 지방 부녀대표자 강습회를 개최하여 선거법 및 당시 여성단체와 입법의원에서도 논의되던 공창제 폐지에 관해 강의를 하고, 공보부 활동사진 시사회 등을 개최하는 등 다각도로 계몽활동을 전개하였다.

그리고 1947년 11월 13일부터 14일 양일간 부녀국은 부녀국 회의실에서 "여자 행정관으로서 알아둘 사항"이라는 제목으로 지방 부녀계장 회의를 개최하였다. 이 자리에서는 각 도 대표 부녀국 지방연락원들이 모여 지도자로서 알아두어야 할 여러 가지 사항에 대한 강습을 받았고, 1947년 9월 27일부터 10월 17일까지 3주간은 부녀사업 지도자 양성강습회를 실시하기도 하였다.[37]

부녀국에서는 1947년 6월 걸스카우트Girl Scout 지도법 강습회를 열었을 뿐만 아니라, 부녀행정 관련 여성들, 그리고 직장 여성들에 대한 계몽활동도 전개하였다. 부녀국 노동과에서는 직업여성의 수요 증가에 맞추어 직장 여성들을 '바른 길로 인도하고 지도'한다는 취지하에 전화교환수 교화강습회를 열어 교환수 400명을 대상으로 3일간 가사, 위생, 재봉, 음악, 일반상식 등 교화강습을 하였다. 그리고 1947년 6월 26일에는 부녀국 직원과 서울 시내 각 백화점 대표자들이 모여 여점원 풍기문제와 인격연마, 자질향상을 위한 좌담회를 개최하였으며, 9월 23일부터 4일간 동아백화점에서는 "일반상식과 성도덕에 관하여"라는 제목으로 강습회를 열어 호응을 얻었다.

부녀국에서 전개한 계몽활동 중 가장 대표적인 것으로 꼽을 수 있는 것은 '어머니학교'이다. 부녀국에서 일반 여성의 지식향상을 도모하고자 기획한 어머니학교는 1948년 3월 27일부터 5월 29일까지 매주 토요일마다 2개월간 계속되었다. 강사는 부녀국장, 아동과장, 각계 전문가 등이었고, 2개월 이수 후에는 수료증을 수여하였다. 3월 27일 개강일에는 100여 명의 어머니들이 부녀국 청사였던 호국사護國寺 내 부녀사업관婦女事業館에 자리하였다. 개강 첫날에는 "어머니와 세계"라는 주제로 강의가 있었고, 두 번째 날에는 어린이의 위생문제에 대한 강연이 있었다.

서울시의 경우 당시 시내 각처에 서울시 부녀과 주최로 어머니학교를 개설하여 많은 성과를 올렸다고 한다. 여기서는 국문, 음악, 가사 및 위생 등을 무료로 지도하였는데, 희망자는 직접 학교나 각 구청 총무과에 신청을 했다. 어머니학교 소재지는 성북구 각 동회현 주민센터, 마포구 아현동 4가 동회, 영등포구 상중학교, 성동구 제일교회 등이었다.

지방에서도 어머니학교가 열렸다. 각 시도에서는 여성의 자질향상과 계몽, 사회진출을 추진하고자 어머니학교를 개설토록 하였으며, 대상은 주로 부윤府尹, 군수의 추천자로 약 20~30명이었고, 교육기간은 5일 정도였다.[38]

부녀국 강습회의 내용은 국문, 가사, 위생, 음악, 일반상식, 성도덕, 선거법, 공창제 폐지에 대한 강연과 해설 및 공보부 활동 사진 전시회 등으로 다양하였다.[39] 또한 부녀국은 1948년 3월 23일부터 5월 6일에 걸쳐서 시내 여자중학교 24개교 부인회, 모자회母子會, 각 여자대학에서 선거에 관한 계몽활동을 전개하였고, 그 외에 방송을 통해서도 강연활동을 전개하였다.

기관지《새살림》발간

부녀국은 출판활동으로는 기관지《새살림》을 발간하였다.《새살림》은 1946년 12월부터 격월간으로 미군정청 보건후생부 부녀국 생활계에서 발행하였다.《새살림》에 실린 기사들은 대체로 육아, 가사, 생활개선, 여성의 경제활동 및 노동조건, 사회교화 등에 대한 내용을 소개하였다. 또한 계몽, 민주주의 소사와 같은 사회학 강좌, 그리고 공창제 폐지나 선거법, 과도입법의원, 토지개혁 등의 현안을 소개하고 그것의 여성과의 관련성 등을 다루었다. 부녀국은 이러한 활동을 통해 일반 여성에 대한 계몽과 함께 부녀활동의 지도적 인물을 양성하고, 부녀국 활동에 대한 홍보와 함께 여성의 적극적인 지지와 참여를 이끌어내고자 했다.[40]

《새살림》 1948년 1주년 기념호에 실린 보건후생부 부장 이용설李容卨의 축사 내용을 살펴보면 그 계몽적 성격이 잘 드러난다.

> 우리 국민을 위해 시급히 해야 할 일이 수없이 많다. 그중에도 우리 가정생활의 주인공이 되는 많은 여성을 계몽하고, 보호하고, 지도하여 그들로 하여금 훌륭한 어머니가 되게 하는 것이 무엇보다 시급하다. 여성들이 훌륭해야 가정생활을 합리적으로 영위하고 자녀들의 가정교육을 잘 시켜 어린이들을 올바른 정신, 바른생활 습관으로 교육함으로써 좋은 인물이 많이 날 것이다. 한 국가, 한 민족의 흥망성쇠는 그 나라에 훌륭한 인물이 많이 있고 없는 데에 달렸다고 생각한다. 훌륭한 인물은 대체로 가정환경과 어머니의 영향이 크다. 이런 의미에서 여성계몽운동이 얼마나 중요한지를 느끼게 된다. 이런 중대한 사명을 띤 여성을

위하여 선생이 되며, 벗이 되고 지도자의 일을 할 수 있는 잡지가 세간에 나타나니 이 어찌 경사스러운 일이 아니며 축하할 바가 아니겠는가. 바라건대 이 잡지가 반도의 1,500만 여성들에게 계명성이 되기를 바라며 또 일반여성들이 이를 잘 이용함으로써 우리가 기대한 이상의 좋은 성과가 있기를 빈다.

보건후생부 부녀국(1948), 《새살림》 1948년 1월호

《새살림》은 여성들의 자질향상은 물론 부녀행정의 활동상황을 널리 알리고 여성 자신의 사업을 명확히 인식시켜 여성의 가능성을 깨닫게 해주는 반려자가 되고자 하였다.[41]

여성 국회의원의 탄생과 활동

01 여성의 첫 정치참여,
남조선과도입법의원 활동

02 첫 총선 참여, 나라를 세우는 한 표,
여성은 여성에게

03 1948년 여성 없는 국회 수립

04 여성 국회의원의 탄생

1948년 3월, 군정청 법령 175호로 국회의원선거법이 발표되었다. 이 최초의 국회의원선거법에 의해 남녀 모두에게 동등한 선거권과 피선거권이 부여되었다. 그러나 실제로 대한민국 건국 초기 여성의 정계진출은 '하늘에 있는 별을 따는 것'보다 어려운 일이었다. 제1공화국 기간인 제헌국회부터 제4대 국회까지 1~2석, 많아야 3석을 차지하는 등, 여성의 국회 진출은 몇 차례에 걸쳐 제자리걸음과 퇴보를 반복하였다.

01

여성의 첫 정치참여, 남조선과도입법의원 활동

해방 이후 신생국가 수립과정에서는 그동안 독립운동 속에 잠재되었던 여성문제들도 가시화되었다. 특히 여성역량 강화를 위한 여성단체의 결성과정, 헌법과 민법 등의 법률 제정과정, 그리고 국가기구의 형성과정에서 여성의 목소리를 반영하려 하였다. 여성계는 가부장적 질서를 해체하려 노력했으며, 한국여성들은 아직 전통적인 여성의 역할과 행동에서 크게 벗어나지는 못했지만 그 나름대로 새로 만들어질 정치활동의 장에 능동적으로 참여하였다. 그런데 불행히도 이 새로운 정치공간은 남성들이 중심이 되어 만들었고, 남성들만이 주체가 되었다. 이후 여성들은 정치현장에서 많은 시련과 좌절을 극복하며 새로운 것들을 만들어냈다.

한국여성 최초의 공식적인 정계진출은 1946년 12월 개원한 남조선과도입법의원이하 입법의원을 통해서 이루어졌다. 입법의원은 1948년 5월 30일 제헌국회가 열릴 때까지 입법기관의 역할을 하며 국가 형성 초기에 사용될 법률을 제정한 기관이다.

미군정은 법령 118호 '조선과도입법의원의 창설'을 공포하고 그 목적을 "모스크바 협약에 규정된 대로 조선 전체의 임시 민주정부를 수립한 통일 조선국가가 속히 건설되기를 기期하며 과도입법기관을 건설함으로 정부에 민주적 요소의 참가를 증가하여 민주주의 원칙 위에 국가의 발전을 조성함"이라고 명시하였다.[1] 즉 입법위원은 모스크바 삼상회의 협정에 대비하여 통일 임시정부가 수립될 때까지 정치·경제·사회적 개혁의 기초로 사용될 법령 초안을 작성하는 임무를 갖고 있었다.

미군정은 이러한 법령에 따라 1946년 12월 12일 김규식金奎植을 의장으로 하는 '입법의원'을 발족시켰다. 이 입법의원 구성과정에 여성단체들이 적극적으로 개입하였다. 1946년 1월 28일 전국 8개 여성단체가 가입하여 결성한 여총은 자주독립과 통일을 위해 각자의 주의주장主義主張을 초월하여 동일한 노선을 표명하였으며, 입법의원에 최소한 여성이 1/3은 대표되어야 함을 요구하는 진정서를 1946년 9월 러치 군정장관에게 제출하였다.[2] 미군정은 입법의원을 정부의 한 형태로 설치하고, 의원의 수는 90명으로 하였다. 이 중 45명은 선거로 뽑는 민선의원이었고, 45명은 미 군정장관이 임명하는 관선의원이었다.

남조선과도입법의원 1주년 기념촬영

민선의원의 선거절차는 각 리里·정町에서 선출한 대표 2명이 소속 면面·읍邑·구區 대표 2명씩을 선출하고, 이 면·읍·구 대표가 소속 군郡·부府 대표 2명씩을 선출하면, 군·부 대표들이 소속 도의 인구할당에 의하여 입법의원을 선출하는 간접선거를 택하였다.

입법기관에의 여성 참여는 많은 제약조건들이 수반되는 과정이었다. 우선 선거권자가 '만 20세 이상의 세대주'로 규정되었기 때문에 민선의원 선거과정에 여성은 원천적으로 배제되었다. 이에 대해 여성들은 '남녀동등과 여자참정권을 운운'하면서도 입법의원 선거에서 여성을 제외한 것에 대해 비판의 소리를 높였다.[3]

여성 관선의원 선출

관선의원으로 입법의원에 참여한 신의경, 황신덕, 박승호, 박현숙 등 4명의 여성의원은 비록 미군정에서 추천한 관선의원이었지만, 최초로 공적 영역인 정치무대에 진출한 여성들이다.

관선의원 선출은 대체로 정당과 당시 좌우합작위원회의 추천을 받아 군 사령관이 임명하는 방식으로 진행되었다. 4명의 여성의원들도 마찬가지였다. 심지어 당시 박승호는 자신이 소속되어 있는 독촉애부에서 자신을 추천한 명부를 직접 군사령관에게 가지고 갔던 일을 다음과 같이 회상한다.

> 애국부인회에서 추천하는 명부를 내가 가지고 가면서 내 이름을 지워버린 것도 아모리 에누리를 한 대도 내가 대의원이 된다는 것은 내 자신이 허락할 수 없는 일이기 때문이었습니다. 그러나 불행히도 관선으로서 발표가 될 때 나는 몹시 당황했고 밤에 잠을 못 자도록 생각을 해보았든 것입니다. 나 개인의 일이면 단연코 싸인을 했을 것이나 내 뒤에는 애국부인회라는 단체가 있으니 어찌할 수 없는 심정으로 입법의원의 한 자리를 차지했든 것입니다.
>
> 박승호(1947), "입법의원 한 모퉁이에서", 《새살림》 1947년 8 · 9월호

추천된 여성의원들은 대체로 다음과 같은 마음자세로 법률

제정과정에 임하였다.

> 이미 끌려나왔고 또 여성으로서의 책임도 있는지라 있는 성의는 다 기우려보리라고 결심하고 출석하면서 반 년 동안 나는 무엇을 했느냐고 반성할 때 몹시 부끄럽고 미안한 일이 많습니다. 첫째로 대의원 자격으로서는 몹시 무식하니 공부를 좀 해야 할 필요를 느껴 반 년 동안 아모 것도 발표함이 없이 공부만 했습니다. 배우기도 많이 배웠고 경험도 많이 했으니 학생으로서는 감사하고 기뻐하는 바이나 대의원으로서는 전혀 자격이 없으니 몹시 부끄럽고 죄송함을 느끼게 됩니다.
>
> 박승호(1947), "입법의원 한 모퉁이에서", 《새살림》 1947년 8 · 9월호

여성의원의 선출이 단순히 여성에 대한 배려, 그리고 여성도 참여시킨다는 전시적 효과를 누리고자 한 미군정의 의도에 의해서만 행해진 것은 아니었다. 당시 입법의원 구성에 관해 알고 있던 여성단체들은 이를 기회로 여성대표들을 입법의원에 참여시키기 위해 적극적으로 입법의원에 여성의원들을 추천하거나 군청 관계자들을 만나 여성의 참여를 건의하는 등 다방면으로 노력하였다.

1946년 12월, 하지 중장은 입법의원 개원일을 3차에 걸쳐 연기하면서 좌우합작위원회의 추천을 받고 각 정당지도자 및

각계 유지들과 상의를 거듭하였으며, 기타 애국적 시민과 단체들의 제의와 추천도 참작하여 최후로 관선의원 45명을 선출하였다. 그리고 군정청 공보부와 입법의원 사무총장 전규홍全奎弘을 통하여 피선된 관선의원에 대해 다음과 같은 선임서와 성명서를 발표하였다.[4]

- 성명서

1946년 12월 12일 개원할 조선임시입법의원의 45명 남녀 관선의원의 씨명氏名을 이에 발표한다.

금반今般 관선은 합작위원회의 추천과 각 정당지도자 및 각계 유지들과 상의한 외에 기타 애국적 시민과 단체들의 제의와 추천도 참작하여 선정한 것이다. 그리고 모범적 민주주의에 있어서 정치사상을 공평하게 대표하는 것으로 생각한다. 특별히 이번 관선은 조선독립을 위하여 희생적으로 투쟁한 지도자의 실력과 경험에 대하여 고려하였다. 여자대표 4명은 일제시대에 있어서 대전 시에 있어서 훌륭한 태도와 인내력을 발휘한 여성계의 적당한 대표로 생각하며 민주적 발전에 많은 공헌이 있을 것이다.

이와 같이 관선의원 선출에 대한 성명서에서는 여성의원이 여성계 대표로서 민주 발전에 적합한 인물임에 대해 특별히 설명을 덧붙였다. 당시 여성의원들은 여성계발 혹은 계몽활동보다는 국가건설을 일차적인 과제로 하여 활동하였다. 이것은 당시 여총 회장인 황애덕이 "우리 1,300만 여성은 일심단결하여 성심 협조함으로 우리 민족의 최고 지상목표인 조국의 자주독립정부 수립을 완수하는 데 우리 여성도 떳떳한 국민으로서 최선 최대의 정력을 발휘할 수 있기를" 호소한 데서도 잘 알 수 있다.[5]

입법의원에 선출된 여성대표 4명은 주로 공창제 폐지와 여성선거권 문제에 집중하여 활동하였다. 1946년 9월 28일 독촉애부와 대한여자국민당 등 5개 단체가 합동으로 여성 참정권을 요구하는 진정서를 러치 군정장관에게 제출하였고, 대한여자국민당은 여성의 법률적 지위의 개정을 제안하는 건의안을 입법의원에 제출하였다. 제출한 건의안은 헌법여성선거권에 관하여, 민법처의 능력에 관하여, 친족법혼인, 이혼, 내연관계, 호주제도의 철폐 등, 상속법[가독家督, 집안상속인 상속, 유산 상속], 인사조정법가사, 심판소에 관하여, 형법간통죄, 중혼죄의 실제 활용, 특별법산모보호법, 공창 폐지 문제 등 중 여성에 해당되는 것들이었다. 보다 구체적으로 제안한 내용들을 보면 간통죄의 경우는 여부女婦의 부夫, 즉 남편의 간통도 벌할 것, 중혼죄의 경우는 배우자 있는 자가 중혼한 때 또는 축첩을 둔 자는 5년 이상의 징역에 벌할 것[그 상혼자相婚者도 포함], 그리고 부부재산제와 관련하여 부부 각자의 재산은 각 특유 재산을 합병 흡수하지 않도록 하며, 혼인 비용은 남편이 부담할 것, 남편은 처의 재산을 관리하지 않을 것 등이었다.[6] 제안된 이들 법안은 당시 여성권익 신장과 관련하여 매우 중요한 것이었고, 제헌국회에서 제4대 국회까지 여성의원들이 법 개정을 주장한 내용이기도 했다.

입법의원에서 제정된 법률 중 여성과 관련된 조항은 공창제 폐지 법령과 입법의원선거법안보선법으로, 공창은 1948년 2월 24일 법적으로 폐지되었으며, 보선법에 의해 남녀 구별 없이 23세 이상은 선거권을, 25세 이상은 피선거권을 갖게 되었다.

여성 정치참여의 목적은 여성의 사회적, 법적 지위를 향상하고 진정한 남녀평등을 이룩하는 것이었다. 그러나 여성의원의 여성의 지위 향상을 위한 활동은 장애의 연속이었다. 남성의원들 사이에서 제대로 된 발언권을 얻어내는 것도 쉽지 않았고, 여성권익을 위한 법률은 제안한 대로 쉽게 받아들여지지 않았다. 그럼에도 '공창제 폐지'와 여성 정치참여 확대에 대한 사회적 분위기를 만들어냈다는 점에서 그 의의가 있다.

입법의원을 시작으로 여성들은 적극적으로 정치적 경험들을 쌓기 시작하였으며, 정치라는 땅에 여성권익, 한국정치 민주화 등의 씨앗을 뿌려나갔다고 할 수 있다. 그리고 여성의 정치참여와 평등지향은 정치적, 경제적 평등만이 아니라 사회적 평등도 포함하며 확대되었다.

여성의원 '특별취급안' 주장

미군정 당국은 입법의원 창설 당시부터 "과도입법의원의 실현은 진정한 의미에 있어서 전 국민을 대표할 조선정부 수립의 제1보이며 입법의원은 원칙적 의무로서 보통선거법을 가결하게 될 것이며 이로써 조선국민이 국민을 대표하여 국민을 다스리는 법령을 제정할 인물을 선택할 수 있는 것"이라며 입법의원 창설의 취지를 발표하였다.[7] 그러므로 미군정은 입법의원을 통해 조속히 '보통선거법'을 완성시키고자 선거법 제정을 촉구하였다. 1947년 3월 러치 군정장관은 만약 6월 말까지 보통선거법을 제정하지 못할 경우 군정청법령으로 선거를 실시할 법령을 기초하기 위해 사법부에 안을 요청할 것이라는 서한을 입법의원에 보냈다.[8]

당시 입법의원에서 보통선거법을 제정하면서 쉽게 해결하지 못하고 시간을 지연한 사항 중 하나는 부일협력자 법안 제정과 관련한 것이었다. 입법의원들 중 일부는 보통선거법을 제정하기 전에 시급히 해야 할 것으로 부일협력자 법안 제정을 주장하고 있었기 때문이다.[9] 민족반역자 처단의 범위가 정해지면 그 처벌 법안은 보통선거법의 선거권 등과 맞물려 있었다.[10] 이에 러치 군정장관은 입법의원에 직접 나와 보통선거법 통과가 얼마나 긴급하게 해결되어야 하는지에 대해 발표하며 보통선거법 통과를 촉구하였다. 그리고 이 시기 여성의원들은 보통선

거법을 제정하는 과정에서 여자대의원 참여를 보장하는 특별 취급안을 실시할 것을 주장하였다.[11]

신의경 의원 오늘 선거권 피선거권에 있어서 성별이 없다고 이렇게 나타나 있는데 실제 문제에 있어서 여성은 선거라든지 피선거의 권리를 향유할 만한 여러 가지 점에 있어서 아주 불리한 점이 많습니다. 여기에는 남녀의 구별이 없이 동등히 규정되어 있지만은 실제에 있어서는 여러 가지 조건으로 여성의 진출이 어려우니 그 여성이 많이 나올 수 있는 그런 방법이 있는지 알고저 합니다.

김붕준 의원 그 선거법을 기초한 사람은 조곰도 여성의 권리를 침해한 일이 없습니다. (웃음) 그 권리의 행사는 여러분 자신에게 있습니다.

신의경 의원 아니올시다. 침해했다고 그것을 여쭈는 것이 아닙니다. 여성이 그 권리를 향유할 수 있게 하기 위하여 여성을 도와주는 무슨 그런 것까지 생각해보았습니다.

김붕준 의원 그것은 부녀운동을 잘하면 남자보다도 투표를 많이 할 수 있고, 의원도 더 많이 나올 수 있다고 봅니다.

〈웃음, 생략〉

황신덕 의원 아까 어떤 의원이 대답하시기를 여기 보통선거법을 실시하는 데 있어서 여자의 권리를 박탈한 것이 아니니

까 이번 운동을 잘 진행해나가는 것이 좋다고 말씀하셨는데 그 것은 원칙입니다. 그렇지만 다시 한 번 생각해볼 때 이 보통선거법을 실시하는 원칙이 어디 있느냐 하면 민주주의를 실시하자는 것에 있는 것입니다. 그러면 이 선거법에 의지해서 이것이 실시가 될 때 가령 여자대의원이 몇 사람이나 나오느냐 하는 것을 우리 자신이 퍽 의심합니다. 그러면 3천만의 반이나 되는 1,500만 조선 여성이 참정권을 얻게 해달라고 결코 무리하게 요구하는 것은 아니지만 현 단계에 있어서 1,500만 여성을 대표할 수 있는 대의원이 한 사람도 나지 못하고 또 다시 과거와 같이 남성만 정치에 참여하게 된다면 그 결론이 어떻게 되겠습니까. 그러나 여기에 대해서 한 마디 말씀할 것은 현재는 과도기니만큼 여기 대하여 어떤 편법으로 가령 50명 하면 거기의 2

황신덕(黃信德, 1898~1983)

평양 출신으로 숭의여학교를 졸업한 이후 일본으로 유학을 떠났으며, 1926년 일본여자대학 사회사업부를 졸업하였다. 귀국 후에는《시대일보》,《중외일보》,《동아일보》에서 기자로 활동하였다. 1927년 근우회 창립회원으로 활동하였으며, 1940년에는 박순천과 함께 경성가정여숙을 창립하였다. 그러나 1942년 조선임전보국단의 부인대 간부로 활동하며 친일연설을 하였다. 1945년 해방 이후에는 애국부인회, 남조선과도입법의원 여성위원으로 활동을 하였으며, 1952년에는 여성문제연구회 회장, 1956년에는 가정법률상담소 이사장으로 활약하였다.

할 가량은 여자를 낼 수가 있다는 이러한 방법을 강구하는 것이 좋겠다고 생각합니다. … 그렇게 해서 조선 민족 전체가 그야말로 민주주의 원칙에 의지해서 평등한 권리를 향유할 수 있게 해 주시기를 희망합니다.

《남조선과도입법의원 속기록》 제41호, 1947년 3월 25일.

이와 같이 보통선거법 제정과정에서 여성의원들은 여성에 대한 우대책이라고도 할 수 있는 특별법안을 제정하고자 하였으나, 남성 의원들의 원칙론에 입각한 원론적인 말과 무관심에 가까운 반응, 비웃음 등을 사거나, 오히려 여성이 맹렬한 활동을 통하여 실력으로 여성의 권리를 획득하고 여성의원이 선출되도록 해야 된다는 말만 들었다. 이러한 남성의원들의 반응에 대해 황신덕 의원은 만약 "서북인과 여성에 대해 특별취급이 없다면 선거의 문을 열어놓고도 들어오지 말라는 것과 같다. 우리는 여성의 참정으로 국제적 체면을 유지하려는 것은 아니며 진정한 조선의 민주화를 위해서 이러한 특별조치가 필요하다"고 밝혔다. 그러나 이갑성李甲成, 홍성하洪性夏 의원은 "여성 특별취급은 좀 의외다", "서북인 특별취급은 찬성이나 여성에 관한 조례는 고려할 필요가 없다"는 유의 싸늘한 반응을 보였다.[12] 나아가 다음과 같은 이유들을 들어 여성대의원 선출과 관련하여 일종의 특별법 제정은 이루어지지 않았다.[13]

1. 조선은 민주주의 국가를 형성한다고 하는 것이 국제적으로 인정받고 있는데, 여자에게만 특별 편법을 쓴다면 아직도 민주주의 국가가 될 수 없다는 측면을 미국에 선포하게 되는 것.
2. 편법을 쓰게 되면 여성 자체의 투쟁력이 없어지고 노력 없이 될 것을 기대하기 때문에 여성운동에 추진력이 없어지는 것.
3. 남녀동등권은 부여된 것인데, 편법을 쓰는 것은 보통선거법을 위반하게 된다는 것.
4. 투쟁해서 실력으로 선거가 되어야 한 사람이 나와도 가치가 있고 귀하다는 것 등.

여성의원의 한계

실질적으로 당시 여성의원들은 남성들이 주도하는 정치현장에서 많은 한계들을 극복해내야만 했다. 당시 박승호는 입법의원으로의 활동소감을 이야기하며 여성의 정치 진출에 대한 사회적 편견이 얼마나 강한가를 잘 보여주었다.

입법의원의 한 모퉁이에서 여섯 달 동안 느낀 것은 첫째로 남녀동등권을 말만 해도 구역이 나서 못 견디어 하는 남성들이면서도 자기들을 유리하게 할 때는 남녀동등권이 뚜렷하다는 것을 주장하는 것을 보게 됩니다. 여자의 실력을 기르는 것은 국가의 발전을 위해서 절대로 필요함에도 불구하고 여자의 교육은 불

필요하다고 주장하는 남성들이오, 교육받지 못한 여자들을 대할 때 필연적으로 우월감을 갖는 이도 남성들인데 요새는 필요할 때마다 남녀동등권이 있으니 실력 있는데 투쟁하라고 하는 말을 무책임하게 할 때는 고개를 기우리고 이 모순을 풀어보랴고 아모리 머리를 써도 풀 길이 없습니다.

둘째로 느끼는 것은 현재 행하고 있는 법률로 여자는 무능력자로 되어 있습니다. 미성년자요 금치산자 부문에 속하고 있는 것이 여자들의 법적 존재입니다. 아마 내가 생각하기는 일반 여자들이 자기 자신이 어떠한 대우를 법적으로 받어왔는가를 아직도 알지 못하는 이가 많을 것입니다. … 여자의 존재는 전혀 인정받지 못했든 것이 과거의 역사요 또 남성들이 이 법률 밑에서 어머니와 안해의 존재를 부인하면서 만족하게 생활한 것이 조선의 실정이거늘 이제 내가 권리를 주었으니 실력대로 해보라는 역설을 기탄없이 합니다. 더구나 엄청나게 놀랠 것은 여자들 자체가 자기 모욕을 하는 것입니다. 여편네들이 무엇을 안다구 대의사가 되나, 나는 남자에게 투표할 것이라고 하는 말을 남편되는 이가 자기 안해의 말이라고 자랑 삼어 이야기하는 말을 들을 때는 다시금 놀래지 않을 수 없습니다.[14]

박승호(1947), "입법의원 한 모퉁이에서", 《새살림》 1권 5호, 8 · 9월호 여성의 능력에 대한 불신 위에서 가정을 여성의 고유영역으로 국한시키는 전통적인 성역할 관념이 사회구조화되었다. "남녀동등권이 있으니 실력있는데 투쟁하라"고 하는 말은 여성의 능력에 대한 남성들의 비아냥거림에 지나지 않았다. 한편 황신덕 또한 입법의원 활동을 되돌아보며 "과도기적 현실에 맞는 '여자특별취급안', '여자대의원 최저 정원수를 요구하는 안'을 다소 주장도 하여 보았으나 결국 여자 자신의 자존심을 꺾는 일도 쉬운 일이 아니고 더군다나 국제적으로 조선 여성의 정도가 미약하다는 것을 알게 함은 조선의 민도가 얕다는 것을 폭로하는 결과를 가져오게 되므로 민족적 자존심이 허락하지 아니하여 단연 여자특별취급안을 나 개인으로는 포기하였다"는 이야기를 하였다.[15] 이것은 여성의 대표를 정치영역으로 진출시키는 것이 얼마나 어려운 것인가를 극명히 보여준 것일 뿐만 아니라 당시 남성의원들에게 여성 관련 문제에 대한 의식이 거의 없었음을 드러내는 것이기도 하다.

그러므로 정치를 더 이상 남성만의 고유영역으로 간주하지 않고 정치의 주체로 서고자 한 여성들은 이러한 사회적 편견과 맞서 싸워야만 했다. 그들은 남성과 여성의 각성을 촉구하는 한편, 여성 스스로가 남성들과 당당히 어깨를 나란히 할 수 있는 능력을 길러야 함을 여성들에게 지속적으로 강조하였다.

보통선거법은 1947년 6월 통과되고 9월 군정장관의 서명 후

공포되었다. 통과된 법의 대체적인 내용은 다음과 같다.[16]

1. 선거권자 연령에 대해서는 선거의 경험과 훈련이 없고 처음으로 보선을 실시하는 조선의 현실로서는 23세를 선거연령으로 택한 것은 국정에 타당하다고 확신한다. 또 현재와 같이 정계와 정국이 혼란한 시기에 있어서 23세 이하의 청년층의 정치적 판단이란 건전하다고 단정할 수 없으므로 본원의 견해는 변함이 없다.
2. 피선거권 박탈에 있어서 일반관리와 경찰은 차별 평정하였다는 데 대하여는 일제강점기에 경찰관이나 헌병은 민원의 대상으로서 일반관리보다 중하다는 것이 민족적 감정이므로 민족정기상 본원의 견해는 변함이 없다.
3. 자서투표自書投票는 문자해독 시험을 과하는 것이며 투표자 수를 제한하려는 것이라고 논하였으나 원래 우리 국문은 해독이 용이한 것이므로 결코 문맹층을 제한하여 투표에 참가하지 못하게 하지 않을 것이다.

그리고 1948년 3월 보통선거법을 토대로 국회의원선거법이 군정법령 175호로 발표되어 5·10총선거 시행의 기본법이 되었다. 국회의원선거법에서는 소선거구 기명투표제記名投票制와 더불어 선거권자 21세, 피선거권자 25세로 연령이 하한 조정되었다. 그리고 최초의 국회의원선거법에 의해 남녀 모두에게 동등한 선거권과 피선거권이 부여되면서 일반 여성들도 정치적 경향과 시야를 갖게 되었다.

02

첫 총선 참여, 나라를 세우는 한 표, 여성은 여성에게

1948년 제헌국회가 만들어지고 정부가 수립되면서 대한민국은 신생 독립국으로의 첫걸음을 내딛었다. 1948년부터 1960년까지 이어진 제1공화국은 그 독립국가 건설이라는 여정의 서두에 해당한다. 이 시기 한국여성들은 자주독립국가 수립에 일익을 담당하고 여성권익을 확장시켜야 한다는 두 가지의 임무를 떠안고 있었다.

대한민국 여성이 참정권을 얻고 투표에 참여하게 된 것은 1948년 5월 10일의 제헌국회의원선거 때부터였다. 자주국가 수립을 위해 실시한 최초의 선거인 이 제헌국회의원선거에서 여성 참정권이 인정된 것은 대한민국 여성 스스로 참정권 획득 운동을 벌여 쟁취한 결실은 아니었다. 이는 1947년 미군정이 대한민국 정부 수립을 위한 기초 작업으로 입법의원에서 보통선거법을 제정하는 과정에서 주어진 것이었다. 그리고 국회의

대한민국 정부 수립 경축식

원선거법에 의해 대한민국 국민은 남녀 구별 없이 만 21세 이상은 선거권을, 만 25세 이상은 피선거권을 갖게 되었다. 이때부터 대한민국 여성은 비로소 국민의 한 사람으로 법 앞에 평등하며, 성별에 의하여 정치적 활동에 차별을 받지 않게 되었다.

외국의 경우, 여성 참정권은 대부분 100여 년에 걸친 오랜 투쟁을 통해 획득되었다. 1893년 뉴질랜드에서 최초로 여성 참정권을 인정한 이래 각국 참정권 획득의 역사를 보면, 제1차 세계대전을 전후하여 독일과 미국 등이 여성 참정권을 인정했다. 그리고 프랑스나 일본을 포함한 대부분의 나라에서는 제2차 세계대전이 끝난 이후에 여성 참정권을 인정하였다.

참정권을 부여받은 여성들은 의욕을 갖고 이를 행사하였다. 제헌국회의원선거 시 선거권이 있는 남녀는 자신이 거주하는 선거구 선거사무소에 가서 등록을 해야만 선거권을 부여받았다. 당시 유권자 등록률을 보면, 서울시의 남자와 여자 등록률은 각각 91%, 89%였다. 이런 높은 등록률은 비록 관官의 개입이 작용했다고 해도 매우 놀라운 결과임에 틀림없다. 특히 여성들의 등록률은 더욱 그러했다. 이러한 등록률은 과거 한국여성들의 정치·사회적 활동에 비추어 기대 이상이었기 때문이다. 당시 언론들도 이런 높은 등록률은 여성들의 애국심과 국가건설에 대한 열망을 보여주는 것이라며 격찬하였다. 그리고 높은 등록률은 곧 높은 투표율로 이어졌다. 당시 여성이 입후보한 것 자체를 이채로운 현상으로 본 것은 말할 나위도 없었다.

선거 당시 경쟁률은 4.5 대 1로, 총 정원 200명에 902명이 입후보하였다. 후보자 수는 기록물마다 약간의 차이가 있지만 처음에는 942명이었으나 사망·기권 등으로 40명의 입후보가 취소되어, 902명으로 최종 확정되었다.

선거운동이 진행되면서 여성단체에서는 참정권의 중요성 강조, 투·개표 방법작대기 기호 설명, 선거법 해설 등의 정치적인 활동을 주로 했다.

총선거를 앞두고 부녀국에서도 선거에 대한 인식을 철저히 함과 동시에 여성들의 인권옹호를 위하여 각 도의 부녀계婦女係

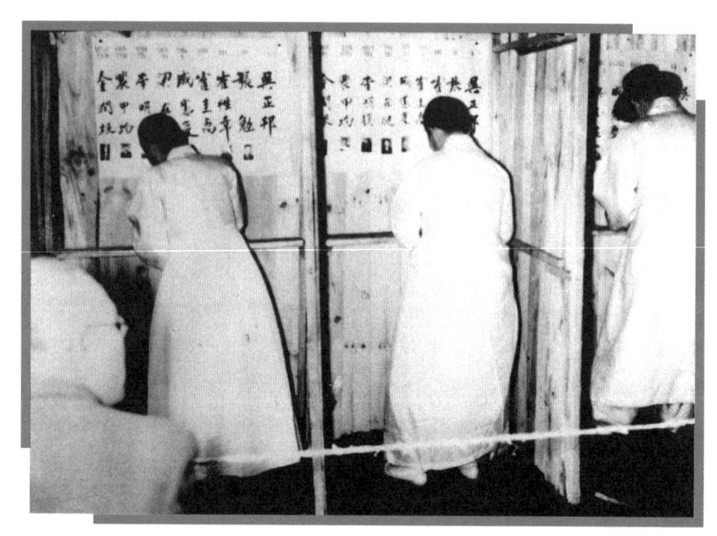

5·10총선거 당시 투표 중인 여성들의 모습

를 총동원하여 선거에 대한 계몽운동을 전개하였다. 당시 부녀국의 선거에 대한 기본방침은 여성의원을 절대적으로 지지하는 것으로, 만일 여성의원이 입후보하지 못한 지역에서는 여성의 사정을 가장 잘 알아줄 사람에게 투표할 것이며, 절대로 정당단체를 가리지 말고 오직 여성을 위하여 절대적인 노력을 아끼지 않는 사람에게 투표할 것을 강조하였다. 특히 축첩자에게는 입후보자뿐 아니라 2대, 3대에 이르기까지 그 후손에게 미칠 나쁜 영향을 고려하여 절대로 투표를 하지 말 것을 철저히 인식시켰다. 그리고 부녀국에서는 3월 23일까지 전국의 축첩자 수를 조사하여 발표할 것을 계획하기도 하였다.

나아가 부녀국에서는 선거운동에 대한 구체적 실천방안으로 문교부의 성인교육과와 협력하여 선거 계몽운동을 하였다. 그 대표적인 것으로, 부녀국 직속인 '어머니 학교'는 물론 여성단체 모임을 이용하여 직업여성 강습회를 개최하였다.[17]

한편 당시 여성운동에 적극 참여했던 지도급 인사들 사이에서는 "첫 번째 실시하는 총선거에 여성들이 입후보해야 할 것인가?", 하게 되면 "어느 지역으로 누구를 입후보시킬 것인가?" 하는 문제로 의견이 분분하였다. 그러나 선거 참여는 여성지도자들 사이에도 처음 있는 일이라서 짧은 시일에 합의를 보지 못하고 각자 의사에 맡기기로 했다.

박순천을 비롯한 여성지도자들은 "여성은 유권자의 반수일 뿐 아니라 여권신장을 위해서도 우리가 국회의원으로 많이 진출해야 한다"는 의견의 일치를 보았으나, 정작 여성 입후보지원자는 별로 없었다. 이에 박순천은 입후보를 결심하고 "남자들과 승부를 하여 승산이 없다고 모두 주저하였으나 남성과 동등한 투표권을 가진 우리 여성들이 한 사람도 출마하지 않으면 후일 역사에서 딸들에게 면목이 서지 않을 것 같아서 마침내 입후보하기를 결심하였다"고 출마에 대한 심경을 발표하였다.

그런데 막상 총선이 시작되자 후보 등록을 마친 여성은 전국 각처에서 19명이나 되었다. 여성후보자들은 서울 지역에서 8명, 나머지는 각 도에서 1명 정도가 출마하였다. 당시 출마한 여성후보자들의 면모를 살펴보면 표 3과 같다.

여성후보자들의 소속은 대한여자국민당 3명, 기독여자청년회 1명, 독촉애부 12명, 무소속 3명으로 이루어졌다. 대표적인 우익단체의 여성대표들이 다수라는 점은 5·10선거에는 좌익 성향의 여성활동가들은 참여하지 않았으며, 대체로 우익 성향의 단체만이 참여한 채 선거가 치러졌음을 보여주는 것이기도 하다.

여성후보자들의 면모를 살펴보면, 대부분이 전문대 이상의 학력자였으며 대체로 연령은 40~50대였다. 그리고 일제강점기나 해방 이후 여성단체에서 여성운동과 국가건설운동을 전개한 인물들이라는 특징을 지녔다. 특히 이승만이 회장인 독립촉성국민회의 외곽단체라 할 수 있는 독촉애부 소속 여성들이 12명에 달했다.

1948년 5월 10일 역사적인 총선거를 맞이하여 여총 휘하 각 단체는 전국적으로 계몽강연과 좌담회를 개최하는 한편 각 도에서 1인씩 입후보하게 하였다. 서울에서는 서대문구 김활란, 용산구 박승호, 종로구 박순천, 마포구 김선, 중구 황애덕 등이 출마하였다. 여총에서는 휘하 단체에서 출마한 여성들을 위하여 비용을 갹출하였을 뿐 아니라, 여러 명이 짝지어 풀 그릇과 빗자루, 포스터를 들고 나가서 거리거리를 누비며 담벼락에 붙이는 등 수고를 아끼지 않았다. 또한 이들은 트럭을 타고 가두

	이름	지역구	나이	학력	소속	주요경력
1	최매지(崔梅知)	안동	53	이화여중 졸, 일본 도쿄여자치과의전문학교 졸	독립촉성애국부인회	의사, 3·1만세운동 참가(3년 복역), 독립촉성애국부인회 안동지부장
2	박옥신(朴玉信)	순천	51		독립촉성애국부인회	독립촉성애국부인회 순천지부장, 부인신보사 순천지국장
3	황애덕(黃愛德)	중구	56	이화여전 문과 졸, 일본 와세다대학 졸	조선여자기독청년연합회	전국여성총연맹 위원, 독립촉성애국부인회 생활부장
4	강용희(康容禧)	중구	55	대졸	무소속	
5	김선(金善)	중구	39	중졸	대한여자국민당	출판업, 독립촉성애국부인회 임원, 조선여자기독청년연합회
6	황현숙(黃賢淑)	동대문 을구	46	대졸	대한여자국민당	3 1만세운동으로 복역, 대한여자국민당 총무, 남조선과도입법의원, 독립촉성국민회 부인국장
7	김선(金善)	마포	53	평양 정의여고 졸, 일본 나라여자고등사범학교 졸	대한여자국민당	민주의원 의원
8	박순천(朴順天)	종로 갑구	51	일신여학교 졸, 일본 니혼여자대학 사회학부 졸	독립촉성애국부인회	3 1만세운동 참가, 중앙여중(경성가정여숙) 부교장, 부인신보사 사장, 독립촉성애국부인회 부위원장, 독립촉성국민회 부위원장
9	박승호(朴承浩)	용산	52	이화학당 졸, 일본 쓰다영학숙 영문과 졸	독립촉성애국부인회	3 1만세운동 참가, 《동아일보》 기자, 남조선과도입법의원, 독립촉성애국부인회 위원장
10	김활란(金活蘭)	서대문	50	이화여전 졸, 미국 콜롬비아대학 철학박사	무소속	이화여자대학 총장
11	박인순(朴寅順)	춘천	41	고졸	독립촉성애국부인회	독립촉성애국부인회 강원도지부장, 부인신문사 춘천지국장
12	이춘자(李春子)	충주	45	중졸	독립촉성애국부인회	산파, 부인운동
13	김선인(金善仁)	대구	40	일본 도쿄여의전 졸	독립촉성애국부인회	독립촉성애국부인회 경북지부장
14	김철안(金喆安)	김천	37	영덕공립소학교	독립촉성애국부인회	금릉유치원 보모, 독립촉성애국부인회 경북지부장
15	김필애(金弼愛)	부산	51	일본 니혼대학 사회학과 수료	무소속	도 장학사, 적십자사 과장
16	최정선(崔貞善)	울산	44	전명여상 졸	독립촉성애국부인회	교원, 독립촉성애국부인회 울산지부 임원
17	이정숙(李貞淑)	울산	27	여고 3년 중퇴	독립촉성애국부인회	독립촉성애국부인회 울산지부
18	이기정(李己正)	포천	40	중졸	독립촉성애국부인회	독립촉성애국부인회 포천지부장, 《부인신보》 포천지부장
19	이순선(李順先)	성주			독립촉성애국부인회	성주여자청년단 임원(1940)

자료: 《부인신보》, 1948년 5월 4일; 한국부인회총본부(1986), 《한국여성운동약사》, 407~446쪽; 중앙선거관리위원회(1967), 《역대국회의원 선거상황》.

표 3 제헌국회의원선거 여성후보자

연설을 다니며 있는 힘을 다해 여성후보자들의 선거운동을 지원하였다.

당시 후보자들의 입후보 동기는 각기 달랐지만, 더 나은 국가를 건설하기 위해 여성들도 한몫을 해야 한다는 책임감이 공통적으로 강하게 작용하였다. 일제강점기에 근우회 등 여성운동에 참여한 경험이 있는 김선 후보는 마포구에서 출마하면서 입후보 동기를 조심스럽게 밝혔다.

일개 가정부인이 국회의원이 되려 하는 것이 외람된 것도 같아서 주저하였습니다. 그러나 가정도 국가가 있은 뒤에 일이라 나는 처로서, 어머니로서 다망한 신세임에도 불구하고 건국 국회

근우회(槿友會)

1927년 5월 분산적 여성운동을 지양하고 통일된 조직으로 여성 전체의 역량을 견고히 단결하기 위해 조직된 항일 여성운동 단체로, 신간회의 자매단체의 성격을 띠었다. 근우회의 강령은 여성의 공고한 단결과 지위 향상이었으며, 운동의 목표는 전근대의 봉건적 굴레와 일제침략으로부터의 해방이었다. 서울에 본부를 둔 근우회 조직은 전국 대도시 및 일본의 도쿄, 간도(間島), 창춘(長春) 등 해외로까지 확대되었다. 근우회는 강연회 및 여성문제 토론회 개최, 야학, 문맹퇴치 등을 통한 여성계몽운동과, 남녀평등의 사회의식과 민족의식 고취를 주요한 목표로 설정하고 사업을 전개하였다. 1928년 유각경, 김활란, 황애덕 등이 탈퇴한 후 사회주의 운동가들을 중심으로 운영된 근우회는 점차 약화되어 1931년 해체되었다.

에 미력을 다할 결심을 하고 입후보하였습니다.

《부인신보》, 1948년 4월 28일.

여성후보자들은 유권자들에게 여자가 나선다는 느낌을 주지 않기 위해 발언 하나하나에도 신경을 쓰며 조심스럽게 행동하였다. 이에 여성단체나 여성운동가들은 후보자 여성들에게 어려운 중에도 큰 용기를 내어 출마해준 것에 대해 격려의 말을 아끼지 않았다. 당시 여성들은 5·10선거를 여자가 강단에 올라서 세상일을 논하는 것조차 해괴한 일로 받아들이던 조선의 남존여비 사상을 몰아낼 수 있는 기회로 삼고자 했기 때문이다. 그리고 선거 결과 여성들의 정계진출이 늘어나면 여성해방도 자연스럽게 이루어지리라는 기대심리도 작용했던 것이다.

여성후보자들의 선거공약은 막연하고 추상적인 것에서부터 구체적인 한국의 정치현실을 꼬집는 내용까지 다양했다. 당시 정치현실과 관련하여 대표적인 공약을 제시한 사람은 대한여자국민당 총무이자 동대문에서 출마한 황현숙이다. 그녀의 대표적인 공약을 보면 다음과 같다.[18]

1. 어느 계급의 전제정치를 배격하고 자유로운 민주정권을 수립하자.
2. 국가의 모든 역량을 38선 타개에 경주함에서 완전통일은 올

것이며, 이에서 경제문제도 자연 참 현상으로 해결될 것이다.

3. 토지는 체감매상으로 연부 매입하여 농민에게 귀속케 하자.

위의 공약들은 당시 대부분의 우익정치가들이 공통적으로 제시한 것이기도 하였다. 대한민국 건국 초기의 시대적 과제였던 분단극복 방안, 자주적인 경제수립 방안, 농지개혁 방안 등이 그것이다. 여성 관련 공약으로는 "우리 여성은 삼종지도 관념을 버리고 민주독립전선의 일원으로서 여권을 발휘하자"는 원론적인 내용을 내걸었다.

구체적인 여성의 권리 옹호를 주장한 대표적인 후보로는 박순천을 들 수 있다.[19]

1. 처의 재산권을 인정할 것.
2. 딸에게도 상속권을 줄 것.
3. 인권을 유린하는 중혼의 부패성을 탄압할 것.

박순천은 위와 같이 여성문제에서 시급히 해결해야 할 사안으로 재산권 인정과 중혼重婚 폐지를 주장하였다. 이들 여성후보자 이외에도 당시 대표적인 여성단체인 독촉애부나 여성신문들은 여성후보자의 당선을 위한 선거 캠페인을 실시하였다.

박순천은 독촉애부 소속으로 종로 갑구에서 출마하였다. 당시 이승만은 박순천에게 종로 갑구를 이윤영李允榮에게 양보하고 경기도 이천에서 출마할 것을 권유하였다. 그러나 박순천은 이승만이 "정치문제에 관해서는 여자에게 별로 관심을 두지 않는 것 같다"면서 그의 권유를 물리치고 종로 갑구에서 출마했다. 당시 서울에서 출마한 여성후보는 박순천, 박승호 외에도 중구의 황애덕, 김선, 서대문구의 김활란, 동대문의 황현숙, 마포구의 김선 등 7명이었다.

여성단체 활동이나 계몽활동을 전개했던 여성들이 선거에 출마한 이유는 여성의 정치세력화를 위한 것이었다. 일제강점기에 민족운동에 참여했던 여성들이 해방정국에서 '독립국가 건설'을 위해 자리 잡지 못한다면 여성문제를 제도적으로 해결할 수 없다고 판단했기 때문이다.

선거가 본격적으로 진행되자 여성단체들은 다음과 같은 구호를 내세워 여성후보자들의 선거운동을 지원, 독려해주었다.

총선거는 여성을 부른다.
여성은 여성에게 투표하자.
선거로 남녀차별 없애자.
총선거를 통해 남녀동등권을 찾자.
남녀동등권은 이 기회에 찾아야 한다.
나라를 세우는 한 표, 여성은 여성에게.

여성대의원 선출은 지상명령, 정권야욕의 남성 믿을 수 없다.

이번 선거는 우리 여성이 정치적 권리를 획득하는 첫길이며 사회적 지위를 확보할 수 있는 서광이다.

특히 당시 독촉애부 기관지의 역할을 한 《부인신보》婦人新報는 지면을 통해 대대적인 선거운동을 전개하였다. 선거기간 동안 《부인신보》는 연일 총선거를 앞두고 "우리 여성의 포부"라는 제목하에 '각계 여성들의 총선거에 대한 희망을', '총선거는 부른다 여성을'이라는 기사들을 특집으로 연재하며 여성들의 적극적인 참여를 독려하였다.[20]

여성단체에서 전개한 대표적인 선거운동 방법은 귀중한 한 표를 제대로 행사할 수 있도록 여성들을 계몽하는 것이었다. 여성단체는 이번 선거야말로 과거 수천 년 동안 남성정치하에서 무시당하고 소외된 여성들에게 서광이 비추기 시작한 것으로 이해했다. 그래서 여성단체는 "누구나 꿩만 잡으면 매가 될 수 있는 실력 본위의 시대가 왔으니 1,500만여 여성들은 자력을 구현하기 위해 생각이나 지능의 준비를 해야 하며, 이제부터 백지상태에서 새출발한다는 생각하에 여성을 계몽하고 더 나아가 남성을 계몽해야 한다"고 다짐을 새롭게 하였다.

선거에 대한 계몽활동 방법은 여성지도자들의 강연과 선거영화 상영 등이었다. 총선거 계몽강사는 김말봉金末峰, 박현숙,

황신덕, 고황경 등 당시 여성계의 유명인사들이었다. 그리고 영화는 주로 미국 대통령선거 실시상황이나 위대한 여성 유관순에 관한 것 등으로, 무료로 상영되었다. 이러한 영화를 통해 선거참여에 대한 두려움을 없애고, 친근감과 함께 자연스럽게 권리를 행사할 수 있는 분위기를 유도하고자 한 것이다. 또한 이들은 유관순의 독립운동에 대한 영화를 보여줌으로써 여성으로서의 자긍심을 심고자 했다. 이는 다른 한편으로는 투표를 하는 것이 유관순 열사가 민족을 위해 독립운동을 한 것처럼 국가를 위한 행동이라는 점을 연결시키고자 한 것으로도 이해할 수 있다.

여성이 유권자로서의 권리행사를 제대로 할 수 있도록 '제 이름 제 손으로 쓰기 운동'도 병행되었다. 당시 여성취학률은 13% 정도에 머물러 있었으며, 여성문맹률은 대략 80% 정도였다. 당시 여성단체들은 5·10선거에서 여성이 승리할 수 있는 열쇠는 여성들에 대한 문맹퇴치사업 실시라는 점에 의견을 모았다. 이 때문에 여성지도자들은 여성문맹 퇴치에 심혈을 기울였다. 심지어 일부 지역에서는 부인회원들이 문맹을 퇴치하기 위해 글로 자신의 이름을 못 쓰는 여성들을 시장에 들여보내지 않는 경우도 있었다고 한다. 그들은 '거룩한 총선거를 앞두고 한글을 몰라 선거에 참가하지 못할 사람은 장을 볼 자격이 없다'고 생각할 정도로 새로운 국가를 수립하는 데 있어 여성의 제대로 된 역할을 강조한 것이다.

목포 독촉애부에서는 다른 지역의 모범이 될 만한 방법을 소개했다. 그것은 역 앞에 칠판을 걸고 한글을 써, 이를 못 읽으면 차를 태우지 않는 것이었다. 당시 여성단체들 사이에서도 화제가 되었던 이 방법이 얼마나 지속되었는지, 그리고 효과가 어느 정도였는지는 알 수 없으나 여성단체들이 여성문맹퇴치사업을 얼마나 절박한 문제로 인식하였는지를 잘 보여주는 사례라 할 수 있다.

03

1948년 여성 없는 국회 수립

5·10총선거가 막바지에 접어들자 여성후보자들은 곤욕을 치르기도 했다. 대표적인 것으로 남성들의 여성후보자에 대한 선거 방해공작을 들 수 있다. 당시 《부인신보》 기사를 보면, 방해공작의 사례 중 대표적인 것은 여성후보자의 간판이나 포스터 등이 없어지는 일이었다. 처음에 여성후보자들은 이것이 혹시 선거를 반대하기 위한 좌익계열의 공작행위가 아닌가 하여 조사를 시작하였으나, 결과는 엉뚱하게도 남성후보자들의 여성후보자들에 대한 '질투'에서 나온 것이었음을 알고는 실망을 금치 못했다. 여성후보자들은 이러한 공작은 국가건설을 위한 선거운동을 시정잡배들의 운동쯤으로 비하시키는 몰상식한 행동이라며 통탄해 마지않았다. 실제로 그처럼 수준 낮은 남성후보자들이 적지 않아, 선거는 혼탁한 양상을 띠기도 하였다.

이 외에도 대구에서 출마한 김선인金善仁 후보는 선거사무소가 수십 차례 습격당했으며, 심지어 괴한에 의해 선거에서 사퇴할 것을 종용하는 공갈까지 당했다. 그리고 선거 당일인 5월 10일 아침에는 투표장에 나오기만 하면 사살하겠다는 협박을 받았다고 한다. 그러나 그녀는 이에 굴하지 않고 선거운동원들을 안심시키고 앞장서서 투표장으로 향해 주위의 감탄을 샀다. 이 같은 남성후보들의 선거 방해공작보다도 더 여성후보자들의 선거운동에 장애가 된 것은 당시의 사회 분위기였다. 즉, 여성의 사회진출을 가로막는 사회적 편견이 선거를 통한 여성의 국회 진출을 어렵게 한 것이다.

여성후보자 선거운동의 장애로 작용한 또 하나의 사회적 편견은 여성 자신들에게 있었다. 여성들 스스로가 "여편네들이 무엇을 안다고 국회의원이 되려 하느냐", "나는 남성에게 투표할 것"이라고 큰소리치며 다니는 경우가 많았다. 이와 같이 여성의 역할을 단지 한 가정의 아내, 어머니로만 한정시키려는 성 역할 고정관념의 위력은 대단한 것이었다. 이러한 여성후보자들에 대한 편견과 선입견은 60년이 지난 지금에도 반복되는 것을 보면 아주 견고한 벽임에 틀림없다.

여성단체들은 이러한 편견은 한국의 민도가 낮음을 보여주는 동시에 여성 자신들에게 문제가 있음을 폭로한 것이라고 맹렬히 비판하였다. 이들은 또한 여성의 생활을 누구보다도 잘 아는 사람이 여성이라는 것을 모르는 한심한 조선여성들이 앞으로 얼마나 배워야 하며 얼마나 진보해야 하는가를 잘 보여준 기회라며 흥분과 안타까움을 감추지 못했다.

선거 결과 전국에서 6천 표 이상을 얻은 여성후보는 아무도 없었으며, 가장 많은 표를 기록한 박순천도 5,518표밖에 얻지 못했다. 박순천은 패인을 "선거에 전혀 경험이 없었고, 조직보다는 붐에 의존하는 막연한 생각을 갖고 있었기에 고전을 면치 못한 탓"이라고 분석하였다.

당시 박순천은 1948년 6월 15일에 열린 독촉애부 제3회 전국대회에서 "이번에 우리 여성이 19명이나 입후보하였다가 한 사람도 당선되지 못한 것은 유감이다. 다음에는 이번과 같이 홀아비 국회를 만들지 않도록 우리 여성은 총궐기하여야 하겠다"며 유머를 섞어 여성의 각성을 촉구하였다. 제헌국회는 여성의원이 하나도 없는 '홀아비 국회', '절름발이 국회'로 문을 열었다.

사회 일각에서는 여성의원이 없는 국회에 대해 여성의 수치일 뿐만 아니라 장차 수립될 민주주의 국가로서도 부끄러운 일이라고 하였다. 또한 이 선거결과는 아직도 남존여비의 봉건사상이 강하게 뿌리내려 있어 남녀평등은 말뿐이고 그 의식의 변화가 얼마나 어려운가를 잘 보여준 것이었다고 평가하기도 했다.

선거가 끝나자 경상북도 김천에서 출마한 김철안은 "우리 여성이 자기 앞에 놓인 자신의 권리를 행사할 줄 모르고 그 진저

리나는 봉건인습에 매여 남자의 그림자만을 항상 자처하고 따르려는 것에는 절통하지 않을 수 없다. … 여성은 여성을 위하여 일할 수 있는 여성대표를 세워야 했는데 그것이 안 되어 통탄할 일이다"며, 여성이 여권을 무시했고 여성들 자신에게 원인이 있다고 낙선 소감을 밝혔다.

이와 같이 선거 참패에 당혹감을 감추지 못했지만, 여성단체와 후보 당사자들은 주저하거나 낙심하지 않고 바로 선거 실패 원인에 대한 철저한 평가작업에 들어갔다. 그 과정에서 이들은 우선 '남성의 이해 부족'과 '여성의 무능'을 실패 요인으로 지적하였다.[21] 그러나 그보다 더 큰 원인으로는 '남존여비男尊女卑와 여필종부女必從夫만을 알고 있는 여성들이 케케묵어 썩어진 관습을 뚝뚝 떼어버리지 못하였음'을 지적하였다. 여성 스스로가 여성의 능력을 불신하고 정치를 남성만의 영역으로 인식하는 상황에서 그러한 인식을 깨뜨리지 못한 것을 보다 주요한 원인으로 지적한 것이다.

이들은 또 다른 선거 실패의 주요 원인으로 여성들의 단결력 부족을 들었다. 즉, 조직적 활동 없이 산만한 활동을 한 것이 낙선의 주요 원인이라는 것이다. 이와 관련하여 김활란은 지식계급 여성과 일반여성 간에 긴밀한 관계가 유지되지 못한 점을 지적하였다. 동시에 여성운동가들이나 여성단체가 독립운동에만 너무나 집중하여 여성계몽운동을 소홀히 했다는 문제점도

간과하지 않았다. 그래서 이후 여성운동계에서는 부녀자 계몽 운동을 철저히 하여 여성들로 하여금 여성들의 입장을 재인식 시키자는 과제를 내세웠다.

04

여성 국회의원의 탄생

5·10선거에서 여성의 국회 진출은 일단 실패했으며, 여성후보에 대한 득표율도 매우 저조했다. 여성들의 공적 영역으로의 정치적 진출이 매우 험난한 길임을 보여준 것이다. 그러나 소극적인 정치참여 방법이라 할 수 있는 투표권 행사는 여성들을 정치적 분위기에 젖게 하는 계기를 마련하였다. 그리고 이러한 과정들이 하나둘 진행되면서 여성들에게 오랫동안 벽으로 존재해온 남존여비의 봉건관습이나 성 역할의 고정관념은 서서히 허물어지고 새로운 인식들이 싹트기 시작하였다. 그리하여 1949년 임영신이 보궐선거로 국회에 진출한 이후, 제2대 국회에서는 박순천과 임영신이 의석을 차지하는 등 여성들은 점차 국회로 진출하여 활동무대를 넓혀나갔다.

1949년 안동 보궐선거로 홍일점 국회의원 당선

1949년 1월 경상북도 안동에서 국회의원 보궐선거가 실시되자 임영신은 이곳에 출마하였다. 임영신은 1923년 미국 유학 시절 이승만을 만나 그를 정신적 지주로 여기며 외교활동을 전개한 인물이다. 또한 그녀는 1941년에는 당시 대표적인 친일단체인 조선임전보국단에 참여, "가정생활에도 결전체제를 바란다"는 제목의 방송을 하는 등 친일활동을 벌이기도 하였다. 그리고 1945년 해방 후 여성역량을 조직화하기 위해 8월 17일 김선, 이은혜 등과 함께 대한여자국민당을 창당하며 여성의 정치적 세력화를 꾀하였다. 그러나 임영신이 대한민국 국민에게 알려진 것은 유엔에서의 활동 때문이라고 할 수 있다.

1946년 9월, 이승만은 임영신에게 워싱턴에 있는 구미위원부歐美委員部 임병직林炳稷과 함께 한국문제를 유엔에 상정할 수 있도록 노력해 달라고 당부하였다. 이에 임영신은 민주의원 정식 대표의 자격으로 유엔총회 각국 대표들에게 장차 수립될 한국 임시정부가 유엔의 멤버가 되기를 희망한다는 내용을 전하였다. 또한 현재 한국이 미·소 양군에 의해 분할 점령되어 있어 남한이 필요로 하는 북한 물자, 특히 석탄과 북한이 요구하는 남한의 식량이 각각 교류되지 못하는 상황이며, 이러한 상황을 타개하려면 미·소 양군의 철수가 이루어져야 한다며 한국문제에 대한 세계의 이목을 집중시키고자 하였으나 여의치 않았다.

그 이유는 한국은 유엔 회원국이 아니므로 한국문제가 유엔에서 논의되는 것은 유엔 규정에 어긋난다는 논리 때문이었다.

이에 임영신은 미국 유학시절 안면이 있던 고故 루즈벨트 대통령 부인 에레나 여사Eleanor Roosevelt를 통해 트리그브 리Trygve H. Lie 유엔 사무총장을 소개받고 그에게 협조를 부탁했다. 리 사무총장은 다음날 본회의장 뒤편 방청석에 임영신의 자리를 마련해주었다.

그녀는 이 기회를 살려 "한국문제가 유엔총회에서 토의되므로 미·소공동위원회 결렬로 재개된 한국의 어려운 상황을 타개하자는 것", "한국에 대한 신탁통치안을 철폐하자는 것", "한국 독립을 촉성하자는 것"과 "한국의 통일과 소련군의 철수, 한국의 임시정부 승인과 유엔 가입 용인"을 중심으로 하는 한국문제가 유엔총회에서 논의될 수 있도록 노력하였다. 그리고 궁극적으로 이를 통하여 유엔총회에서 한반도의 즉시 통일과 전 외국군 철수를 요구하는 결의문을 채택하기를 요청했다.

그러나 임영신의 바람은 순조롭게 이루어질 수 없었다. 임영신은 1946년 12월 중순 미국에 건너간 이승만과 함께 열악한 상황에도 불구하고 미 국무부와 유엔에서 로비활동을 벌였다. 드디어 1947년 11월 '한국 정부 수립안'이 유엔에서 43 대 30의 지지를 받아 가결되었다. 이러한 활동으로 인해 임영신은 국내에 알려지기 시작하였으며, 이승만 또한 그녀의 공을 높이 샀다.

1948년 8월 5일 열린 첫 국무회의. 오른쪽에서 5번째가 상공부장관으로 참석한 임영신이다.

이승만은 그 대가로 대한민국 정부가 수립되자 그녀를 초대 상공부장관에 임명하였으며, 대통령 취임 연설에서도 "우리 대표로 유엔에 가서 훌륭한 성과를 내고 나라를 세우는 데 많은 일을 한 임영신 여사에 대해서는 우리 국민과 같이 모두 고맙게 생각합니다"라며, 그녀에 대한 치하를 잊지 않았다.

임영신의 초대 내각 진출은 많은 사람들, 특히 남성들에게 충격을 안겨주었다. 당시 정계와 언론계에서는 임영신이 상공부장관에 취임한 것을 못마땅하게 생각하였다. 일간지들은 그녀가 행정 경험이 없다는 이유를 들어 공공연하게 부당함을 지적하는가 하면, 여자여서 상공 행정을 맡아볼 자격이 없다고 비난하기도 하였다. 신문 사설에서는 "여자로서 행정기관의 중요한 자리를 차지한다는 것은 일찍이 동양에서는 없었던 일로, 우리나라에서 최초로 시도한 것은 역사상 기록될 만한 주목거리"라

고 논평하기도 하였다.[22]

한편 그녀가 장관에 임명되어 상공부 청사에 출근했는데도 직원들은 결재를 받으러 나타나지 않았다. 화가 난 그녀가 퇴근하는 길에 운전사와 측근에게 이유를 물어보았더니, 그들이 아주 거북하고 계면쩍은 표정으로 "서서 오줌 누는 사람들이 앉아서 오줌 누는 사람에게 어떻게 결재를 받느냐"고 말했다는 것이다. 이 어처구니없는 말에 임영신은 사흘을 참고 있다가 4일째 되는 날 긴급직원회의를 소집하고서 다음과 같이 큰소리를 냈다. "나는 비록 앉아서 오줌을 누지만 조국의 독립을 위해서 일생 동안 왜놈들과 싸웠다. 그리고 나라를 위해서 서서 오줌 누는 사람들 이상으로 몸과 마음을 다 바쳐 오늘날 이 정부를 수립하는 데 공헌했다. 그런데도 나에게 인사를 안 하고 결재를 받으러 오기 싫은 사람은 지금 당장 사표를 내고 나가라." 이날 이후로 문제는 해결되었다.

상공부장관으로서 임영신은 나라의 경제자립을 위해 먼저 국민들이 도덕적으로 갱생할 것을 강조하였다. 그녀는 대한민국 국민이 모두 사농공상 간 취업을 해 아침 일찍 일어나 늦도록 자신의 임무에 전력을 다하고 각기 가사에 충실하며 그 사명에 충성할 때, 우리나라의 산업은 발전하고 국력은 탄탄해질 것이며 민생은 안정을 찾을 것이라 확신하였다.[23] 그리고 임영신은 생산책임제 확립과 생산의욕 촉진을 강조하여 상여금 제도를 도입하는 등 국민경제의 윤리화와 정신의 확립, 그리고 생산 증대를 통하여 공업입국을 건설하기 위한 작업에 주력하였다.[24]

이러한 경력을 지닌 임영신은 1949년 1월, 경상북도 안동에서 보궐선거가 실시되자 이곳에 출마하여 선거운동을 전개하였다. 선거에는 모두 9명이 입후보하였는데, 그중에서도 대한민국 초대 외무부장관 장택상과 안동 유지 권중순 등이 쟁쟁한 경쟁자였다. 선거는 임영신을 비롯한 이들의 삼파전으로 전개되었으나, 7,100여 표를 획득한 임영신이 당선됨으로써 대한민국 국회의 홍일점이 탄생했다.

이에 일각에서는 '홀아비 국회'로 여자의원이 없어서 서운했는데 그 미완의 과제를 해결했다, 종래 국회에 여성의원이 없어서 국내·국제적으로 위신이 서지 않았는데 이제야 면목이 선다는 등 의미부여의 말들이 나왔다.[25] 그리고 대한민국 국회의 홍일점으로서 참정권 획득을 완수하여 여성의 참정권을 신장한 선봉이 되었다며 여성의원 당선을 반겼다.

제2대 국회 진출 여성의원, 임영신과 박순천

1950년 5월 30일 실시된 제2대 국회의원선거는 대한민국 정부가 주관하는 첫 선거였다. 제2대 국회는 의정사상 최초로 우리 손으로 만든 국회의원선거법에 의해 구성되었다는 점에서 역사적 의미를 갖는 것이었다.

제2대 국회는 1950년에서 1954년까지 냉전 등 복잡다단한 국제정세 속에서 민주국가 건설과 국토통일, 나아가 반공진영의 일환으로서 '극동 민주 보루'라는 사명을 완수해야 한다는 시대적 요청을 받고 있었다.[26] 또한 제2대 국회의 임무는 대체로 국내적으로는 남북통일, 즉 실지회복 문제, 산업부흥이 가져올 민생문제 해결, 2년 후에 치러질 대통령 선거, 대외적으로는 민주·비민주 양 진영의 냉전문제, 동남아시아 문제, 대한경제·군사원조 등 복잡하고 중대한 문제들을 해결하는 것이었다.[27]

제2대 국회의원선거는 대한국민당과 민주국민당이 여·야 대결을 벌인 가운데, 사회당과 민족자주연맹이 참여하여 보수와 혁신 대결구도를 형성하였다. 그리고 선거에는 제헌국회의원선거에 불참했던 남북협상파와 중도파가 선거에 참여하여 무려 2,209명이 입후보하는 난립상을 나타냈다. 이 중 여성후보자는 11명으로, 전체 후보자의 0.5%에 불과하였다. 대한여자국민당 소속으로는 각각 경기도 여주군과 충청남도 금산군에서 출마한 강신상姜信祥과 임영신이 있었고, 나머지는 주로 대한부인회나 무소속으로 출마하였다.

선거 결과 전체 의석수 210석은 무소속 126석, 민주국민당 24석, 대한국민당 24석, 국민회 14석, 대한청년당 10석, 대한노동총연맹 3석, 일민구락부 3석, 사회당 2석, 민족자주연맹 1석, 기타 3석대한여자국민당 1석, 대한부인회 1석 포함으로 분포되었다. 무소속이 의원 정수의 60%에 해당하는 126석을 차지하였다는 점에서 당시 집권정부와 야당에 대한 국민의 불만을 엿볼 수 있다.

제2대 국회의원선거에 임했던 여성후보자들이나 여성지도자들은 남녀평등권 실현을 위해서도 여성의원이 탄생해야 함을 강조하며 선거활동을 실시하였다. 해방 직후 한국애국부인회를 결성하고 당시 대한부인회 부회장으로 있던 유각경은 "남녀동등권, 여성해방을 부르짖고 피투성이가 되어 과거 수개 성상數個 星霜을 두고 투쟁한 결과가 겨우 한 명만의 국회의원을 내어보내기 위해서였든가. 그렇다. 우리 1,500만 여성의 대가는 너무나 적었든 것이다. 단 한 명의 국회의원이 선출되었다는 이 사실은 아직도 남성 전체가 여성에 대한 인식이 부족하였다는 것도 있거니와 그 구경究竟의 원인은 여성 자체에 있었던 것이다. … 비록 제헌국회의원 선출 시에는 한 명의 여성의원을 국회에 내보낸바 되어 여성 전체의 정치에 대한 몰인식을 세상에 알렸지만 이번 선거 때에는 우리 여성은 분연히 일어서서 절대다수의 여성 국회의원을 우리 국회에 보내어 여권 옹호와 명실공히 남녀동권을 사회에서 찾아야 하겠다. 한국여성은 이 세기의 역사적 현실과 여성의 진로에 대하여 자각해야 하겠다"고 선거에 임하는 여성유권자들의 각성을 촉구하였다.[28]

그리고 더욱이 남녀평등권을 보장한 헌법 제5조와 제8조는 여성을 포함한 모든 국민의 법률 앞에 평등을 규정하고 있으므

3·1만세운동 모습

로 이와 같이 "여성이 차지할 권리를 똑똑히 정하고 있는데도 불구하고 권리도 은전도 찾지 못하고 받지 못하는 것이 여성 자체의 무지로 인한 것이라면 앞으로 수백 년, 수천 년이 가도 여권옹호는 이루어지지 못하고, 여성으로부터 조소를 면치 못할 것이며, 한국여성은 이 세기의 역사적 현실과 여성의 진로에 대해 자각하여 이번 총선거에서 절대적 승리가 여성입후보자 위에 와야 한다"고 주장했다.[29]

제2대 국회의원선거 여성입후보자 중 대한부인회 출신 박순천은 1948년 제헌국회의원선거 때 서울 종로 갑구에서 입후보했다 낙선의 고배를 마신 경험이 있었다. 1898년 경상남도 동래군 기장면에서 태어난 박순천은 아버지가 귀한 아이를 얻어 명이 길었으면 하는 바람에서 명련命蓮이라 이름을 지어주어, 어린 시절 명련으로 불렸다. 1919년 3·1만세운동을 전개하다 마산에서 체포된 그녀는 한 달 동안 감옥에 갇혀 있다가 이승규李承奎 장로와 학부형들의 보증으로 석방되었다. 그러나 석방된 바로 그날 저녁 기숙사방의 천정에서 태극기와 일기가 발견되어, 박순천은 다시 쫓기는 몸이 되었다.

그녀는 우선 칠원漆原, 현 경상남도 함안의 옛 지명에 있는 제자 최봉선의 오빠 집으로 피신했다. 이때 동네 사람들 사이에 그녀가 '만세꾼'이라는 소문이 떠돌자, 이에 당황한 최봉선의 올케는 "이 애는 순천으로 시집을 갔다가 소박맞고 돌아온 내 동생"이라고 둘러댔다. 이때부터 그녀의 이름은 명련에서 순천으로 바뀌어 불리게 되었다. 그리고 후에 일본으로 유학간 뒤에도 그녀는 쫓기는 몸이었기에 여전히 주변에서 '순천댁'으로 연락했고, 그녀 자신도 신분을 감추기 위해 명이 길라고 부모님이 지어주신 박명련이라는 이름 대신 박순천이라는 이름을 쓰기 시작하였다.

한편 박순천은 1940년 황신덕, 박승호 등과 함께 경성가정여숙을 설립하여 부교장으로 교육운동을 전개하기도 하였다. 그러나 그녀는 1942년 여성을 전쟁에 징발하기 위해 만든 단체인 조선임전보국단 부인대에 참여하였다. 당시 일제는 여성교육자들을 동원하여 건장한 청·장년 및 여성들로 하여금 전쟁터로 나갈 것을 종용하였다. 한번은 전쟁 동원을 촉구하는 결전부인대회를 열어 박순천에게 강연을 촉구하였으며, 이에 그녀는 "국방가정"이라는 제목으로 연설하였다. 그리고 이후에도 조선임전보국단 주최 강연에 연사로 참여하며 친일적 모습을 보이기도 하였다.[30] 이후 박순천은 1945년 경성가정여숙을 통해 여성교육활동을 하면서 해방을 맞았다.

해방공간에서 박순천은 임영신과 함께 여성단체를 조직하여 여성역량 강화에 주력하였다. 독촉애부를 결성하였으며, 5·10 선거에도 참여하여 국회의원에 도전하였으나 낙선의 고배를 마셨다. 당시 신문들은 박순천을 "여성운동의 총사령관이요", "조선 여성계의 맹장"으로 칭할 정도로 그녀는 한국 여성지도자의 선봉장 역할을 담당하였다.[31] 박순천은 비록 국회 의석을 차지하지는 못했지만, 초대 내각이 구성될 때 여성으로는 박현숙과 함께 감찰위원에 임명되었다. 감찰위원회는 대통령 직속 기관으로, 주로 정부 공무원의 위법 또는 비행에 관한 정보를

조선임전보국단(朝鮮臨戰保國團)

1941년 10월 김동환(金東煥)의 임전대책협의회(臨戰對策協議會)와 윤치호(尹致昊)의 흥아보국단(興亞報國團)이 통합하여 결성한 친일단체로, 일본의 황민화 정책에 선도적 역할을 하였다. '임전태세를 확립하여 보국하자'는 뜻을 가진 이 단체의 초대구성원으로는 단장 최린(崔麟), 부단장 고원훈(高元勳), 고문 박중양(朴重陽), 윤치호(尹致昊), 이진호(李軫鎬), 한상룡(韓相龍) 등이 있다. 전국적 지부조직을 가지고 있었으며, 황도사상 계몽과 전쟁협력운동이 주요 설립 목적이었던 조선임전보국단은 1941년 12월의 미영타도대강연회, 결전부인회 등 황민의식을 고취하는 강연을 주로 열었으며, 군수자재헌납운동과 군복수리작업 등도 전개하였다. 1942년 국민정신총동원조선연맹(國民精神總動員朝鮮聯盟)에 통합되면서 조직된 지 1년 만에 해체되었다.

수집 및 조사하고 이 정보를 소속 장관에게 제공하고 징계처분을 요청하며 수사기관에 고발하는 등의 업무를 담당하는 기관이었다.

한편, 당시 박순천은 전진한錢鎭漢 사회부장관에게 노동자의 권익 증진을 누구보다도 강조하였으며, 나아가 여성노동 향상 방안을 체계적으로 제시하였다. 그리고 박순천이 감찰위원으로

1940년 경성가정여숙 개교일 교문 앞. 우측 첫 번째가 박순천이다.

활동하는 동안, 트럭 52대 분량의 피혁이 사라진 '조선피혁사건'이 발생하였다. 감찰위원들은 감독기관인 상공부에 사건 책임의 일부가 있다고 결론짓고, 당시 상공부장관 임영신에 대한 파면결의안을 국회에 제출하기 위해 표결 절차를 밟았다. 박순천과 박현숙도 임영신 상공부장관의 파면결의안에 찬성하였다. 이에 대해 박순천은 "여성장관을 아껴야 한다고 할지라도 국사를 다루는 일이었기에 어쩔 수 없었다"고 밝혔다.[32]

감찰위원회는 국회의장 신익희申翼熙 앞으로 위원장 정인보鄭寅普 명의의 '국무위원 비리에 관한 통고문'을 보내어, 상공부장관 임영신의 비행 사실이 있어 위원회에서 면직에 처할 것을 결의하였으므로 정부조직법 제43조에 의하여 임영신 상공부장관을 파면할 것을 국회에 통고하였다.

이후 1948년 10월, 여수·순천 사건 등에 파견되어 적극적인 활동을 벌이던 박순천은 감찰위원회 기능이 축소되고 감찰위원장 정인보가 권고사직을 당하자 자신도 감찰위원직을 사임하였다.

한편 1948년 제헌국회의원선거 낙선 이후 박순천은 대한부인회를 중심으로 여성단체 활동을 적극적으로 전개하였으며, 1950년 제2대 국회의원선거에 출마하여 당선되었다. 위에서 언급한 것처럼, 당시 제2대 국회의원선거에 입후보한 여성후보자는 모두 11명이었다. 그녀의 선거사무소에는 전국의 여성들에게서 선거자금에 써달라고 금반지, 금비녀, 금목걸이 등이 후원금으로 들어왔다. '돈 한 푼 안 들이고도 선거를 치를 수 있겠구나'라고 생각할 정도로 그녀에 대한 여성들의 지원은 대단하였다. 당시 그녀의 선거운동원들은 더할 나위 없이 열성적이었는데, 그것은 여자라는 굴레 속에서 하지 못한 일을 박순천을 통해서 실현시켜보겠다는 희망과 집념의 표현이었다. 또한 초대선거에서 패한 경험을 살려서 여성 자신들의 힘으로 당당한 여성 국회의원을 만들어내겠다는 그들의 결심과 각오가 열성적인 지원의 중요한 이유였다.

박순천은 《경향신문》이 주최한 각 정당·단체대표 간담회에 참석하여 여성후보자에 대한 지지를 호소했다. 특히 그녀는 대한국민당이나 민주국민당과 같은 거대정당 소속이 아닌 후보자에 대해 불안해하는 유권자들에게 "정당은 그 정책 수행에 있어 투표자를 망각하는 폐단이 많다"고 지적하고, 비록 무소속이라도 지조를 지킬 수 있다며 대한부인회 소속으로 출마한 자신의 여성들에 대한 정치적 지조를 강조하였다. 그리고 이것은 "어느 지역구에 치중하느냐"는 질문에 대한 그녀의 답에 잘 드러난다. 박순천이 이 질문에 "남성 대 여성이라고 하겠지요"라고 대답하며, 본인은 특별히 어느 한 지역구에 중점을 두고 나온 후보라기보다는 여성 전체를 위해 나온 후보자임을 강조하였다. 서울 종로 갑구에서 입후보한 박순천이었지만 여성 전체를 위한 국회의원이 되겠다고 주장한 것은 여성유권자들의 표를 확보하기 위함이었다고 할 수 있다. 그리고 그녀는 무엇보다 여성들이 선거법에 대하여 투쟁해야 함을 강조하였다. 이것은 자금 동원능력이 없고 전국적으로 인지도가 약한 후보들, 특히 여성들에게는 한 선거구에서 한 명만 당선되는 소선거구제가 불리하다고 인식했기 때문이다. 그리고 다른 한편으로는 여성의 입후보를 가리켜 '암탉이 운다'는 비난이 난무하는 선거 세태를 질타하기도 하였다.

박순천은 또한 "언젠가 어떤 국회의원이 하는 말이 우리나라에서도 10명쯤은 여자의원이 나와 남자의원들의 싸움을 말려주어야 하겠다고 하더니 이번 선거에 있어 여성후보자를 보고 양보하여달라고 하는 판이니 어디 자신이 있다고 하겠습니까? 한번 국회 방청을 하였더니 마치 장거리 같더군요"라며 정쟁을 일삼는 남성들만의 '홀아비 국회'를 비판하였다. 박순천은 마지막으로, 국민들은 당선을 위하여 수단 방법을 가리지 않는 위선자에게 투표를 하지 말고 공평한 여론을 참고하여 남자, 여자 구별 없이 국가 비상시에도 유능하게 일할 수 있는 사람에게 투표해달라고 목소리를 높였다.

박순천이 출마한 종로 갑구는 선거 유세기간 동안 남자 대 여자의 격전지로 불리며 많은 사람들의 이목이 집중되었다. 개표 당일에도 일반인에게 공개하여 개방한 이곳 개표소에는 참

박순천의 모습

관인들이 구름처럼 모여들었다. 개표 시작부터 장후영張厚永, 유석현劉錫鉉 후보에게 100~200표 이상의 차이로 앞선 박순천은 최종 개표 결과 11,251표나 되는 유권자의 지지로 당선의 영광을 차지했다. 제2대 국회의원선거에 대한부인회 출신으로 입후보한 후보 중에는 박순천만이 유일하게 당선되었다. 그녀는 대한부인회 간부들과 회원들, 또한 그녀를 지지해준 전국의 여성들과 서로 얼싸안고 덩실덩실 춤을 추며 기쁨을 나누었다.

대한여자국민당은 "여성의 힘으로 민주사회를 결성하고 건전한 민주경제를 확립하며 민주문화의 향상으로 세계의 평화와 인류의 번영에 기여하자"는 강령을 내세워 임영신 이외에 다른 후보자들도 선거에 출마시켰다. 또한 대한부인회와 기타 단체들도 여성정당이나 정치단체를 결성해 후보를 공천하는 등, 많은 여성지도자들이 정치일선에 참여하는 데 기여하였다. 그러나 이러한 노력에도 불구하고 남성 중심으로 정착된 정치권과 유권자의 의식수준 때문에 여성의 정계진출은 쉽게 이루어지지 못했다.

제2대 국회의원선거에서 전체 여성후보 가운데 당선된 사람은 대한부인회의 박순천과 대한여자국민당의 임영신 단 2명뿐이었다. 제헌국회 때 임영신이 보궐선거에서 당선되어 여성의원이 한 명이었던 것과는 달리, 제2대 국회의원선거에서는 여성계의 두 거물이 의석을 차지하여 일당백의 역할을 할 수 있게 되었다며 많은 이들이 그들의 역할을 기대하였다. 제2대 국회는 1950년 6월 19일에 개원하였다. 6월 20일 제1차 본회의를 개최한 국회는 교섭단체회 구성을 당면하고 있었다. 이것은 교섭단체회의 비율에 의하여 각 상임위원회를 구성하기 때문이다. 이에 6월 26일까지 각 정치세력별로 교섭단체회를 구성하여 명부를 작성, 제출하기로 하고 정치활동을 시작하였다.[33] 그러나 국회가 개원된 지 불과 2주 만에 6·25전쟁이 발발하였다. 이에 제2대 국회는 전쟁으로 인하여 대구, 부산에서 임시국

전쟁으로 불타버린 서울 시가

회 시절을 보내야 했다.

1950년 6·25전쟁 발발로 한국의 역사는 다시 한 번 커다란 시련을 겪었다. 이 전쟁에서 여성들은 남성들 못지않게 나라와 가정을 위해 헌신하며 힘든 날들을 이겨냈다. 전쟁이라는 시련은 다시 한 번 여성들을 가정뿐만 아니라 국가를 지탱해내는 '중요한' 일에 끌어들였고, 여성들은 자발적으로 이를 수행해냈다.

제3대 국회 진출 여성의원 김철안

전쟁 이후 제3대 국회의원선거에서 시도된 여성의 정치적 참여는 또 다시 좌절을 겪었다. 1954년 5월 20일 실시된 제3대 국회의원선거는 선거 사상 처음으로 정당공천제를 실시하여 정당정치의 실현을 표방하였다. 선거전은 여당인 자유당과 야당인 민국당, 그리고 입후보자의 많은 수를 차지한 무소속의 3파전으로 전개되었다.[34] 전체 1,207명의 후보 중 여성후보는 10명 0.83% 이었다. 이들 여성후보 중 정당의 공천을 받고 나온 사람은 대한여자국민당의 임영신, 자유당의 김철안, 전항자全恒子와 민주국민당의 이정숙李正淑 총 4명이었다. 그리고 무소속으로는 박순천, 노마리아盧馬利亞, 편정희片貞姬, 고수선高守善 등이 서울을 비롯하여 충청도, 경상도, 전라도, 제주도 등지의 지역구에서 출마하였다.

선거 결과, 총 203석 중 지방에서 많은 표를 얻은 자유당이 115석을 차지하였고, 민국당이 15석, 무소속이 68석, 그리고 대한국민당과 국민회가 각각 3석과 2석을 차지하였다. 당시 자유당 소속으로 입후보한 의원들은 "앞으로 정부가 제출할 개헌안에 찬동할 것을 서약"하고 출마, 당선되었기에 제3대 국회의 중요한 임무 중 하나로 개헌안을 둘러싼 정쟁이 예견되었다.[35] 한편 여성으로는 대한부인회 최고위원을 지낸 김철안만이 자유당 소속의원으로 당선되어, 여성 의석수는 0.5%를 기록하였다. 그리고 박순천, 편정희, 전항자, 고수선은 지역구에서 3위의 득표율을 얻었고, 임영신은 2위로 낙선하였다.

제3대 국회에 대한 여성의원 진출 시도는 예상 외의 패배를 기록했다. 이 패배 원인에 대해 여성계는 다음과 같이 분석하였다.

제3대 국회의원선거 투표 중인 여성들의 모습

이렇게 선거에서 패배한 이유는 첫째, 후에 청탁하려면 여성보다 남성이 낫다, 둘째, 여성정객의 공헌이 구체적으로 나타나지 않은 데 대한 실망이다, 셋째, 선거구 구민들이 자신의 환경개량에 여성의 힘이 약할 것이라는 막연한 판단이다, 넷째, 각 가정에서 가장인 남성이 지배권을 갖고 아내, 딸의 선거권을 좌우했다 등을 들 수 있다.

최홍조(1954), "여류정객의 등장이 필요하다 - 그들은 왜 패배하였나?",
《여성계》 1954년 1월호

선거 패배 원인으로 눈여겨볼 만한 것은 전대 여성의원들의 활약이 구체적으로 드러나지 않았다는 점, 유권자들의 지역구에 대한 강한 의식, 그리고 선거제도가 여성에게 불리한 소선거구제였다는 점이다.

제3대 국회에서 여성으로서 유일하게 의석을 차지한 김철안은 일제강점기인 1912년, 경상북도 김천에서 가난한 농가의 장녀로 태어났다. 학교를 다니고 싶어 했지만 학교에 갈 수 없었던 그녀는 주위에서 구할 수 있는 책들을 탐독하며 배움에 대한 갈증을 해소하였다.[36]

김천유치원에서 보모로 아이들을 돌보던 김철안은 1933년, 김천에서 부자로 소문난 집안의 최의원崔義元과 중매결혼을 하였다. 최씨 집안이 만석꾼이었기에 결혼한 이후 그녀는 경제적으로 넉넉해졌다. 김철안은 결혼 후 항상 주문처럼 '내가 신여성이라는 허울 좋은 말에 이대로 있을 것이 아니라 들녘에 가서 모도 심고, 밭도 매고, 외양간도 치우며 남자들만이 할 수 있다고 생각하는 일도 다 해낼 것이다'는 각오를 하였다고 한다. 그래서 김철안은 동네의 대소사들을 챙기며 그런 행사들을 계기로 여성계몽의 필요성을 역설하고, 이를 실천에 옮기며 동네 사람들로부터 인정을 받았다.

34세에 해방을 맞이한 김철안은 여성운동의 토대를 세우기 위해 1946년 독촉애부 경상북도 지부 회장을 맡았다. 그리고 여성도 이제는 당당한 자유국민의 일원으로 신생국가 건설에 힘을 보태려면 정당조직이 급선무라는 신념으로, 임영신이 창당한 대한여자국민당에 참여하였다.[37] 1950년대 후반, 김철안은 대한여자국민당 강화책이 모색되었을 당시 임영신 당수, 김철안·김노전 부당수 체제를 확립시켜 여성들의 정치적 각성을 촉구하며 여성운동을 전개하였다.

또한 김철안은 1946년 여성단체뿐 아니라 광복군 총사령관 지청천 장군이 만든 대동청년단 경상북도 여성부장인 김소분金素粉과 손잡고 청년단 활동에도 열중했다. 대동청년단은 특히 우익세력이 좌익세력으로 넘어가는 것을 막기 위한 실천적 방안을 강구한 단체였다. 김철안 역시 독촉애부 간부들과 함께 대동청년단에 가입하여 밤과 낮을 가리지 않고 좌익세력들을 설득하는 작업을 전개하였다.

1948년, 김철안은 정치의 핵심무대인 국회에 진출하고자 제

대동청년단(大同青年團)

1947년 9월 광복군 총사령관이었던 지청천(池靑天) 장군의 귀국을 계기로 기존의 청년단체들을 통합하여 결성한 단체이다. 채택룡(蔡澤龍), 이남규(李南奎), 유화청(柳和靑), 오광선(吳光鮮) 등이 결성운동에 참여한 대표적 인물이며, 반공, 단독정부 수립을 주장하는 이승만의 정치노선에 적극적인 지지를 표명하였다. 1948년 정부 수립 후 이승만의 청년단체통합운동으로 대한청년단(大韓青年團)으로 통합, 흡수되었다.

헌국회의원선거에 참여하였다. 그러나 당시 그녀는 기존 정치의 벽을 뚫을 수 없었다. 이후 김철안은 지역의 대소사에 관심을 기울이며 지역발전에 힘쓸 뿐 아니라 여성운동도 더욱 열심히 전개하였다. 특히 대한부인회 활동을 통해 여성문제에 많은 관심을 기울였다. 이러한 활동의 결과, 제3대 국회의원선거에 다시 도전한 그녀는 당선의 영광을 안을 수 있었다.

김철안은 남성의원들과 똑같이 행동하고 어깨를 겨누기 위해 초기에는 남자와 같이 양복바지를 입고 등원하였다. 이것은 자신을 여성으로만 바라보게 하고 싶지 않은 그녀의 자존심 때문이었다. 그리고 당시 국회에서는 그녀를 홍일점이라기보다는 '흑일점'으로 부르기도 하였다. 이것은 그녀가 농사짓다가 볕에 그을려 검은 얼굴이 된 데서 연유한 것이다.

당시 초선의원으로서 김철안은 "여성 입장을 떠나서 당을 의지하고 허영을 떠나 남녀공존사회에 이바지하겠다"는 점과 "가정부인의 지조만은 견지하면서 나랏일을 돌볼 작정이요"라고 포부를 밝히며 국회활동을 시작하였다.[38]

김철안은 1956년에는 사회보건분과 위원장 선거전에서 전 위원장 김익기金翼基 의원을 물리치고 선출되었다. 사회보건분과 위원장으로서 김철안은 남성의원 못지않게 능란한 솜씨로 사회를 본 덕분인지 거의 모든 심의를 완료하는 능력을 보였다. 특히 순국선열 유가족에게 1인당 2만 원의 연금을 주기로 계상計上한 원안을 12만 원으로 인상할 것을 가결하는 증액 동의를 요청하였다. 아무리 적자예산이라 할지라도 국민의 도덕적 의리를 고취시키기 위해서 이런 조치는 마땅한 일이니 본회의에서 통과시키고자 노력한 것이다.[39]

또한 김철안은 국회에서 무엇보다도 전후 복구사업의 중요성을 역설하였다. 그리고 군경원호軍警援護를 비롯한 구호사업 예산에 대해서는 동료 위원들을 설득하여 확보해냈다. 이것은 사회보건분과 위원장으로서가 아니라 전쟁 이후 폐허를 딛고 일어서려는 국민들의 노력에 동참하기 위한 일이었다. 그리고 제3대 국회의원으로서 김철안은 민법을 새로 개정하는 과정에 있었다. 그때 그녀는 민법 가운데 여성과 관계된 상속편, 친족편 등에 여성에게 유리한 안건을 제출하여 통과시키는 데 노력을 다했다. 이는 비록 보수성이 짙은 남성의원들의 비협조로 부결되었지만, 사회에 문제를 제기하는 동기가 되었다.

제4대 국회 진출 여성의원 박현숙, 김철안, 박순천

1958년 5월 2일 실시된 제4대 국회의원선거에서는 전체 의석 233석 가운데 자유당이 126석을 차지하였고, 민주당이 79석, 통일당이 1석, 무소속이 27석을 차지하였다. 이 선거에서 여당인 자유당과 야당인 민주당이 얻은 득표율은 각각 42.1%, 34%였다. 제3대 국회의원선거에서 자유당과 민주당이 각각 얻은

4·19혁명 당시 길거리로 나온 시민들

36.8%와 7.9%의 득표율과 비교하면, 민주당에 대한 지지율이 급격히 상승한 것이었다. 의석수에서도 제3대 국회의원선거에서는 자유당이 115석, 민주당이 15석이었던 것에 비교하면 야당의 세력이 크게 신장되었음을 알 수 있다.

또한 제4대 국회의원선거에서는 5명의 여성 지역구 후보가 출마하여 3명이 당선되었다. 자유당의 박현숙은 강원도 김화군 金化郡, 6·25전쟁 후 남북으로 분단되었음. 현재 남쪽은 강원도 철원군 김화읍에 속해 있다 선거구에서, 김철안은 경상북도 금릉군 현재의 경상북도 김천시 선거구에서 당선되었으며, 박순천은 부산시 동구 갑구에서 당선되어 2선 의원이 되었다. 나머지 2명의 후보는 통일당의 이

정숙과 무소속의 양순이楊順伊로서, 득표수가 1천 표에 이르지 못하는 지지 기반이 약한 후보자였다.

4대 국회 내에서 여성은 전체의석 수 233석 중 3석을 차지하였다. 이들 여성의원들은 4대 국회에서 홍삼점紅三點이라 불리며 활동하였다. 그러나 4대 국회는 임기 중인 1960년 4·19혁명이 일어남에 따라 1960년 7월 25일 자진해산하였으며, 동시에 자유당 정권도 붕괴되었다.

1958년 온 국민의 관심이 집중된 가운데 실시된 제4대 국회의원선거에서 조용히 여성운동·정치활동을 하던 박현숙은 많은 남성 후보자를 물리치고 처음으로 국회에 진출하였다. 박현숙은 당시 여성 유권자들의 절대적인 지지를 받고 당당히 영예의 당선을 쟁취한 것이다. 나라의 살림꾼으로 선택된 박현숙은 많은 역경을 자신과 같이해준 여성동지들에게 감사함을 표했다.

1896년 10월 17일, 평양의 비교적 부유한 가정에서 태어난 박현숙은 어린 시절 곱게 자랐으며, 독실한 기독교 신자인 어머니의 영향을 많이 받았다. 1913년 평양 숭의여학교崇義女學校를 졸업한 그녀는 숭현여학교崇賢女學校에 있던 김경희金敬熙 선생의 지도에 따라 송죽결사대를 조직하는 데 앞장섰다. 또한 박현숙은 1919년 3·1만세운동 때에는 평양에서 여성만세운동을 주도하였다. 송죽결사대의 3대 회장이 된 박현숙은 결사대 활동의 폭을 더욱 넓히면서 과감한 행동을 계획, 실천에 옮겼다.

박현숙은 일제강점기 세 차례의 옥고를 치르면서 병보석으로 출감할 만큼 몸이 쇠약해졌지만, 애국심은 그때마다 더욱 강해졌다. 출감 후 그녀는 도산 안창호安昌浩 선생의 수제자이며 사상가였던 김성업金性業과 결혼하여 한 가정의 내조자로, 또한 독자적으로 활동하며 독립운동을 계속했다. 출감 후에도 일제는 박현숙을 갑종요시찰甲種要視察 인물로 분류하여 항상 일본 경찰이 그림자처럼 붙어 다녔다. 박현숙은 1927년 평양근우회 의장으로 활동한 경력도 있다.

해방 직후 박현숙은 평안남도 건국준비위원회建國準備委員會 여자부 부장으로서 여성의 지위를 향상하고 교양을 높이기 위한 성인교육에 전념하였다. 또한 조선민주당 상임집행위원으로 선출된 그녀는 역시 여성들의 생활과 교양 지도에 주력했다.

송죽결사대(松竹決死隊)

1913년 평양 숭의여학교 교사 김경희, 황애덕과 학생 황신덕, 박현숙 등이 조직한 여성 비밀조직으로, 송죽회(松竹會), 이문회(以文會), 공주회(公主會), 유신회(維新會) 등의 이름으로 활동하였다. 설립 목적은 독립운동 망명지사 가족 지원, 해외 독립운동단체, 임시정부의 독립운동자금 모금과 지원이었다. 다른 한편으로는 비밀집회를 통해 토론회와 역사강좌를 개최하며 회원들의 실력양성을 꾀하기도 하였다. 회원의 입회는 기존 회원의 추천과 회원 전원의 찬성으로 이루어졌다. 결사대는 점조직 형태로 활동하였으며 비밀유지와 회원관리에 철저하였다.

박현숙은 조만식을 중심으로 여러 동지들과 함께 평안남도 건국준비위원회와 인민정치위원회 활동을 열심히 하였다. 그러나 북한에서 소련 군정이 활동에 너무나 많은 제약을 가하자 조만식 선생의 적극적인 권유에 힘입어 북한 땅을 떠나 월남하였다. 월남 후 박현숙은 하지 장군의 청탁으로 이북 실정보고와 여러 집회 강연 등을 통해 사회에 봉사하였다. 그리고 박현숙은 이승만이 세운 민족통일총본부 부녀부장으로 위촉받았다.

1946년 12월, 박현숙은 남조선과도입법의원 관선의원으로 임명되었다. 남조선과도입법의원은 미·소공동위원회 기간을 거쳐 조선 임시정부가 수립될 때까지, 즉 대한민국 정부가 수립될 때까지의 과도기에 정치·경제·사회적인 혼란과 무질서 상태를 수습하고 민주화를 꾀하기 위해 잠정적으로 수립된 일종

민족통일총본부(民族統一總本部)

1946년 6월 29일 이승만이 민족통일 완성을 위한 총괄적 기관 설치와 단독정부 수립 준비를 목적으로 조직한 단체이다. 총재에 이승만, 부총재에 김구, 협의원으로 이시영(李始榮), 김성수(金性洙), 이범석(李範奭), 김순애(金淳愛), 노마리아(盧馬利亞) 등을 임명하였으며, 부녀부에 박현숙, 박승호, 임영신, 황신덕 등이 있었다. 이승만은 기존에 결성된 남조선대한국민대표민주의원이나 임시정부 계열의 비상국민회의와 별도로 민족주의 진영의 국민운동 기관으로서 민족통일총본부를 조직하였으나 별 효과를 거두지는 못하였다.

제4대 여성 국회의원, 박현숙

의 입법기관이라 할 수 있다. 이후 대한민국 정부가 수립되어 감찰위원, 무임소장관 등으로도 활동한 박현숙은 제4대 국회의원선거에서 당선되어 국회 활동을 시작하였다.

박현숙이 당선된 지역은 1953년 대한부인회 활동을 하며 인연을 맺은 강원도 김화였다. 1953년 8월, 박현숙은 대한부인회와 각 여성단체를 중심으로 전선에서 고생하는 국군장병들을 위로하기 위하여 많은 위문품을 모집하였다. 그리고 이를 가지고 당시 격전지였던 김화지구의 각 사단을 방문, 격려하였다. 당시 여성단체에서 모집한 위문품은 사과를 비롯하여 각종 물품이 세 트럭 이상으로, 군인들뿐 아니라 김화지역민들도 감격했다고 전해진다. 이것은 아마도 위문품의 양보다도 자신들의 노고를 후방에서 알아주고 감사해 하는 마음이 전달되었기 때문일 것이다. 이로 인해 박현숙은 김화지역과 깊은 인연을 맺기 시작하였다.

선거철이 되자 주위의 많은 지인들이 박현숙에게 정치 일선에의 참여, 즉 입후보를 권유했다. 그러나 그녀는 '정치는 도박과 같다', '정치의 마당엔 적이 있다'고 생각했기 때문에 1958

년 선거에도 직접 후보자로 참여할 뜻은 없었다고 한다. 그러나 전쟁으로 폐허가 된 김화지역민들의 간곡한 부탁을 받은 그녀는 이 지역을 돌아보며 정치에 입문할 것을 결심하고 자유당 공천을 받았다.

박현숙은 김화지역의 유지인 후보와 맞서 싸워야 했다. 이는 전혀 승산이 없는 것처럼 보였다. 게다가 선거가 진행될수록 중상모략이 너무나 심해졌다. 그녀는 그러면 그럴수록 이러한 선거풍토는 대한민국을 위해 없어져야 하는 것, 없애야 하는 것이라고 다짐하며, 이를 자신의 소명으로 삼고 선거에 전력을 다하였다. 한번은 그 지방 토박이 노인들이 긴 담뱃대를 입에 문 채 박현숙을 가리켜 "흥! 아무렴 서서 오줌 누는 놈이 일을 할 거지 앉아 오줌 누는 사람이 무슨 정치를 하누?", "아, 제 깐에 일을 또 하문 얼마나 할 거야?"라며 빈정댔다. 박현숙은 이렇게 자신, 나아가 여성을 신뢰하지 않는 태도를 접하고는 더욱 열심히, 더욱 낮은 자세로 지역을 위해 자신이 할 수 있는 일을 피력하고 또 피력하였다.

박현숙은 선거기간 동안 자신이 국회의원으로 출마하게 된 이유, 즉 '한 나라의 살림을 보살핌으로써 국민의 복지증진을 꾀하고 무엇인가를 해결해주는 충성된 공복이 되어야겠다'는 결심을 새기고 또 새겼다. 이와 같은 박현숙의 마음과 자세는 결국 "참! 치마를 둘렀으니 여자지만, 훌륭한 애국지사이군!",

"그래! 어서 그런 사람들이 많이 나타나야 하는데 … 어디 그게 쉬워?"라며 유권자들의 마음을 움직였다. 유권자들은 자신의 한 표를 박현숙을 위해 찍은 것이다.

1945년 해방 이후 1960년대까지 여성들의 국회라는 정치공간으로의 진출은 여성의식의 성장을 보여주는 것임과 동시에, 여성권익 신장을 위한 입법활동의 기회였다. 그러나 여성의 국회 진출이란 결코 쉽지 않은 것이었다.

여성권의 향상을 위한 법률 제정활동

미군정 시기 여성의 법적 지위는 일제강점기 때와 다름이 없었다. 미군정은 법령의 공백상태를 꺼려 기존 일본 법령의 효력을 계속 인정하였기 때문이다. 이후 미군정기 입법의원의 공창제 폐지령과 1948년 제정된 헌법을 비롯하여, 여성계의 끊임없는 노력으로 1953년 근로기준법, 1958년 신 민법 등이 점차 제정되었다. 그리고 이러한 과정에서 한국여성들은 국가건설의 일원으로, 대한민국의 국민으로 활약하며 한국사 발전에 커다란 궤적들을 남겼다.

01

남조선과도입법의원의 공창제 폐지령

8·15 해방 이후 대한민국 정부가 수립되기 이전까지 미군정은 법령의 공백상태를 꺼려 기존 일본 법령의 효력을 계속 인정하였다. 따라서 이 시기 여성의 법적 지위는 1910년대 일제강점기 조선민사령 당시와 다름이 없었다. 일제 식민시대를 벗어났음에도 당시 여성의 법적 지위는 일제강점기의

조선민사령(朝鮮民事令)

1912년 3월, 일제는 조선민사령을 제정하여 조선인들의 민사관계를 규율하였다. 조선민사령은 민법, 상법 등 기본법은 물론 소송법과 신탁법, 경매법에 이르기까지 모두 31개 일본 민사법을 그대로 원용하였다. 이 법령은 해방 후인 1962년 '구법 정리에 관한 특별조치법' 제정으로 폐지되었다. 그러나 제정 민법이 "구법에 의해 생긴 효력에는 영향을 미치지 않는다"라고 규정하여 민법 제정 전에 이루어진 상속에 관한 재산분할사건 등의 재판 규범으로 효력을 발휘하기도 하였다.

법령에 명시된 그대로였던 것이다.

당시 여성의 법률상의 지위를 보면, 처는 무능력자였다. 예컨대, 처의 고유재산에 대한 남편의 관리권을 인정하고 남편이 호주戶主인 경우에는 그 유산에 대한 상속권을 거부하는 등 여성의 재산 소유를 제한하고 경제활동을 제약하여 남편에 대해 경제적으로 예속되게 하였다. 또한 처의 부정행위는 이혼 사유 또는 간통죄의 대상이 되었지만, 남편의 부정행위는 그것만으로는 이혼의 사유 또는 간통죄의 구성 요건이 되지 못하였다. 때문에 현실적으로 첩의 존재를 인정하였으므로, 실질적인 여성 지위는 크게 변화되지 않았다.[1] 이처럼 나라는 해방되었으나 여성은 해방되지 못한 상황이었다. 다음의 글은 그것을 잘 보여준다.[2]

> 조선인 남자의 도덕이 따로 있고 여자의 순리가 또한 따로 제정되어 나려왔다. 같은 인간이면서도 같은 법률 도덕을 쓰지 못하고 구속과 제재 밑에서 여자는 제 소리 제 주장 한 번 못하고 살어왔다. 삼강오륜의 미덕을 숭상하기 위하여선 덮어놓고 복종하고 따라가야 하고 철거지악이란 부덕허물을 살리기 위해선 생명의 자연성을 부정하고라도 때와 장소를 가리지 않고 여자를 강압하고 모라세는 데만 취중하면 그만이었다 …
>
> 영운(1948), "부인대의사는 누가 되나", 《새살림》1권

일제로부터 해방됨과 더불어 일제강점기의 법에서 벗어나 한국민족의 법을 가져야 한다는 생각은 하였지만, 해방 이후 대한민국의 법을 제정하기까지는 상당한 시간이 걸렸다. 또한 여성의 지위가 이렇게 취약했던 것은 해방 이후 헌법에 의해 보장된 남녀평등 원칙과 남녀동권이 여성이 쟁취한 것이 아니라 주어진 것이었기 때문이기도 하였다.

정부 수립 직후인 1948년 12월부터 1958년에 이르기까지 거의 10여 년에 걸친 민법 제정, 특히 가족법 조항을 둘러싼 논란의 배경에는 당시 사회의 평등권에 대한 인식의 척박함이 있었다. 가족법은 기타 영역의 법보다 전통성이 강하고 윤리적인 성격을 내포한다. 종래 가족법의 골격은 가부장적 대가족 제도 하에서 남계 혈통의 가를 존속시키는 것을 기본 원리로 하여 남성과 여성, 남편과 아내, 장남과 차남, 혼인 여부 및 동일 가적에 속하는지 등의 여부에 따라 심한 차별을 두어 개인의 의사보다는 집안의 의견을 더 중시하였다.[3]

미군정기 입법의원에서의 공창제 폐지령과 1948년 제정된 헌법을 비롯하여, 여성계의 끊임없는 노력으로 1953년 근로기준법, 1958년 민법 등이 점차 제정되었다. 이 법률들이 제정되어 시행되기 이전에는 언급한 바와 같이 일제강점기의 법률이 그대로 적용되었다. 일제강점기의 가족법은 조선민사령에 의하여 일본민법의 일부를 답습하였는데, 이는 법률혼주의를 도입하였다는 점, 일부일처제를 취하였다는 점에서는 진일보한 듯하였지만, 여성에게 이혼청구권이 인정되지 않았다는 점에서 여성의 권익을 무시하는 법이었다.

공창제 폐지령

미군정은 1946년 5월 미군정법령 제70호 "부녀자의 매매 또는 그 매매계약의 금지"를 공포하여 일체의 부녀자에 대한 인신매매와 인신구속을 폐지하였다.

- **미군정법령 제70호 "부녀자의 매매 또는 그 매매계약의 금지"**

제1조 부녀자의 매매 또는 그 매매계약의 금지

목적의 여하를 불문하고 부녀자의 매매 또는 그 매매계약은 이에 전적으로 금지함.

여사如斯한 모든 매매, 매매계약 또는 협정은 현재한 것이나 이전에 한 것이나 혹은 이후에 할 것이나를 불문하고 사회정책에 전적으로 위반될 뿐 아니라 무효하며 하등의 법적 효력도 없음을 이에 선언함.

제2조 부녀자 매매에 관하여 발생한 차금借金의 수집

부녀자 매매 또는 그 매매계약에 관하여 발생한 여하한 차금도 전적으로 사회정책에 위반되고 무효하며 방법 여하를 불문하고

이를 강요하거나 수집할 수 없음을 자玆에 선언함.

따라서 여사한 차금의 수집을 위한 여하한 소송이나 여하如何한 종류의 수속 또는 차此를 제기하거나 주장함을 부득함. 여사한 차금의 수집을 위한 기도 또는 금전 지불이나 기其 인수나 혹은 대가라도 여사한 차금을 위한 것이면 하인何人이더라도 본 령本令에 위반됨을 자에 선언함.

제3조 매매당사자는 전부 동일죄

부녀자의 매매 또는 기 계약을 행한 자 또는 동일한 종류의 계약이나 협정을 한 자, 그에 관하여 생生한 차금借金의 지불 또는 수집한 자, 본 령을 위반하는 자는 당사자 공모자나 대리인을 불문하고 전부 동일죄로 취급하고 주범으로서 처벌함.

제4조 처벌

본 령의 규정을 위반한 자는 군정재판소의 결정한 바에 의하여 처벌함.

제5조 시행기일

본 령은 공포일시 10일 후에 효력을 생함.[4]

미군정법령 70호의 공포로 일제에 의해 용인되었던 악습 중

하나인 부녀자 매매는 사실상 폐지되었다. 당시 여성단체들은 이것을 여성운동의 과제 중 하나였던 공창제 폐지의 실현으로 받아들였다.

해방 후 공·사창제 폐지운동은 조선부녀총동맹에서 1946년 3월 하지 장군에게 매춘의 근본적 폐지를 주장한 공·사창제 폐지 결의문을 제출하면서 본격화되었다고 할 수 있다. 이때 결의문에는 "인간을 상품화하고 부녀를 모독하며 부녀해방을 저해하는 큰 죄악"으로 공·사창제를 규정하고 이를 폐지해줄 것과 창기들의 전차금을 소멸해줄 것을 요구하는 내용이 포함되어 있었다.[5]

미군정법령 70호가 공포, 발효되었지만 창기들의 직업 알선과 성병 예방 및 치료 등의 사후대책은 미비하였고, '인신매매금지'와 '공창 폐지'는 별개임이 드러났다. 이에 우익여성단체들은 본격적으로 공창제 폐지를 위한 입법 요구활동에 주력하게 되었다. 그 중요한 움직임의 하나가 1947년 초 독촉애부가 '폐업공창구제연맹'과 적극적으로 연대한 것이다. 그리고 1947년 3월 "지난번 발표된 법령 제70호는 단지 인신매매금지령일 뿐이므로 새로운 법률을 제정하여주기 바라며 인육시장으로부터 해방된 여성의 구제대책으로 희망원 같은 것을 국가가 설치하여 이들을 정신적, 경제적으로 갱생시켜 구제해달라"는 내용의 청원서를 입법의원에 제출하였다.[6] 그리고 이 청원서가 보다 구체화되어 1947년 5월 박현숙 외 의원 60명의 연서로 "공창제도폐지령"을 상정하여 제1회의에 부쳤으며, 본안은 문교후생 및 법제사법 양 위원회에 회부되어 심사보고 과정을 거쳤다.[7]

법 제정이 추진되는 동안 독촉애부 및 여성단체들은 공창제 폐지운동을 위한 여론 형성에 주력하였다. 이에 1947년 8월 8일 입법의원 본회의에서 '공창제 폐지령'이 통과되었고, 이후 군정장관에게 제출되어 여러 가지 검토 및 심의를 거친 후 1947년 10월 28일 군정장관 대리 헬믹Charles G.Helmick 대장의 인준을 얻어 법령으로 확정되었다.

이것은 입법의원이 제정하고 군정장관이 인준하는 형식을 취하였으며, 1947년 11월 군정청법률 제7호 "공창제도폐지령"이 공포되었다. 입법의원은 이 법령의 목적을 일제강점기 이래

공창제도

공창제도는 관에서 매춘을 허가받은 창기가 지정된 장소에서 자유의사로 성매매 행위를 했을 경우 처벌하지 않으며, 거주나 영업장소, 건강진단 등에 대하여 관의 통제와 관리를 받는 제도이다. 이 제도는 프랑스에서 처음 실시하였으며, 일본에는 19세기 중반 도입되었고, 한국에서는 1904년 일본인 유곽으로 등장한 매춘이 1916년 일제강점기에 법적으로 공창제도로 확립되었다. 1948년 미군정청의 '공창제도폐지령'에 의해 폐지되어 불법화되었다.

의 악습을 배제하고 인도를 창명하기 위하여 남녀평등의 민주주의적 견지에서 공창제도를 폐지하고 일체의 매춘행위를 금지하는 것이라고 밝혔다.[8]

- **군정청법률 제7호 "공창제도폐지령"**

제1조 본령은 일정 이래의 악습을 배제하고 인도를 창명彰明하기 위하여 남녀평등의 민주주의적 견지에서 공창제도를 폐지하고 일절의 매춘행위를 금지함으로써 목적함.

제2조 1916년 3월 경무총감부령 제4호 (유곽업창기취체규칙)는 차此를 폐지함.
종래 동령에 의하여 취득한 유곽대좌부 영업, 창기가업娼妓稼業의 허가 급及 유곽영업자조합 설치의 인가는 자玆에 그 효력이 상실됨.

제3조 좌左의 각 호의 1에 해당한 자者는 2년 이하의 징역, 5만 원 이하의 벌금 또는 우양자右兩者를 병과倂科함.
가) 본령에 의하여 폐지된 제도의 업무를 계속하며 또는 경영하는 자.
나) 매춘의 행위를 하며 또는 그 매개장소 제공을 한 자.
다) 전호전단前號前段의 자를 상대로 한 자.

라) 타인에게 성병을 전염시킨 자.

부칙

제4조 본령은 공포일로부터 3개월 후에 효력이 생生함.

단 유곽영업 급 창기가업의 신규허가는 본령 공포일부터 차를 정지함.[9]

이와 같이 공창제 폐지령은 남녀평등의 민주주의적 견지에서 실행한 것이었으나 창기들의 인권을 실질적으로 보장해주지는 못했다. 즉, 공창제 폐지령이 제정되었지만 여전히 창기들의 생계와 관련된 후속 대책은 전혀 없는 상황에서 창기들은 인신구속의 해방이라는 기쁨보다는 미래의 삶에 대해 걱정해야만 하는 상황에 놓였다. 이들은 "우리도 물론 굴욕적인 생활에서 벗어나는 것을 열망하고 있다. 그러나 사회적 조건으로 불리한 우리들이 재생하기에는 강력한 대책이 요구된다. 이 대책의 수립 없이 법률만 제정하는 것은 공창에 가까운 일이다", "우리의 과반수는 전재민이다. 공창제 폐지를 2월의 추운 겨울에 한다는 것은 너무나 냉정한 일이다. 우리에게 부채 문제가 있는 것이다. 좀더 기간을 연기하여 4~5월에나 실시하기를 바란다"며, 현실적 대책 강구를 요구하기도 하였다.[10]

공창제 폐지와 관련하여 정부도 창기 구호대책에 주력하는 모습을 보였다. 특히 부녀국과 연계하여 자주적인 생활을 할 수 있도록 일정 기간 수용하여 성병도 치료하고 독립적인 경제생활을 할 수 있도록 훈련시키는 동시에 근로정신 함양을 위한 계몽활동 등을 모색하였다.[11] 그러나 성병 치료에 대한 국비지원이 성공을 거둔 데 반해, 취직알선은 그 성과를 거두기가 쉽지 않았다. 서울시의 경우 창기 취직알선을 위해 영등포의 공장 등에 창기 수용을 타진하였으나 공장주들이 이들을 고용하면 능률이 저하될 것을 우려하여 꺼리는 등 경제생활의 독립을 위한 대책은 마련하지 못하였다.[12]

공창제 폐지에 앞서 2월 12일 공창폐지대책여성위원회에서는 공창제 폐지 이후에 대한 간담회를 개최하였다. 이날 입법의원 박현숙을 비롯하여 공창폐지연맹 위원장 김말봉 등 10여 명의 각 여성단체 대표들은 공창 폐지 이후 만약의 경우를 염려하며 의견들을 토로하였으며, 2천여 명의 공·사창 창기들을

김말봉(金末峰, 1901~1962)

1918년 서울 정신여학교를 졸업하고 일본으로 유학하여 다가네여숙(高根女塾) 고등과정을 거쳐 교토에 있는 도시샤대학(同志社大學) 영문과를 졸업하였다. 귀국 후 《중외일보》 기자로 활동하였으며, 1932년 《중앙일보》 신춘문예에 단편소설 〈망명녀〉를 응모, 당선되어 문단에 등단하였다. 해방 이후 1945년 〈카인의 시장〉과 〈화려한 지옥〉 등을 발표하며 공창폐지운동에 적극 참여하였다.

교화할 뿐만 아니라, 친딸과 같이 인도하자고 결의하였다.[13]

그러나 공창제 폐지에 대해 제반 후속조치 마련 등을 주장하는 반대의 목소리들도 높았다. 그리고 실질적으로 법은 폐지되고 후속조치는 마련하지 않은 채 창기들이 계속 공창으로 남아 있는 것에 대해 사회적인 비난은 더욱 가속화되었다. 그리고 공창의 폐지는 이후 사창 증가로 연결되어 사회문제가 되었다.

02

제헌헌법, 남녀평등권의 명문화

5·10총선거와 더불어 구성된 대한민국 정부는 제헌헌법에 대한민국이 남녀평등의 민주국가임을 분명히 하였다. 헌법 전문에는 "민주 독립국가를 재건함에 있어서 정의, 인도와 동포애로써 민족의 단결을 견고히 하며 모든 악습을 타파하고 민주주의 제 제도를 수립하여 정치·경제·사회·문화의 모든 영역에 있어 각인의 기회를 균등히 하고 능력을 최고도로 발휘케 하며 … "라고 명시되어 있다. 그리고 헌법 제1조는 "대한민국은 민주공화국"임을 선포하였고, 헌법 제5조국민의 기본적 의무와 제8조국민의 평등·특수계급제도의 금지, 영전의 수여, 그리고 제20조남녀평등권, 혼인의 순결과 가족의 건강 보호에서는 남녀평등에 관한 조항을 구체화하였다. 구체적으로, 헌법 제8조는 "모든 국민은 법률 앞에 평등이며 성별에 의하여 모든 차별을 받지 아니한다", 제20조는 "혼인은 남녀동권을 기본으로 하며 … ", 제100조는

"모든 법령은 현행 헌법에 저촉되지 않는 한 효력을 가진다"라고 규정하였다.

제헌의회에서의 남녀평등권 제정은 해방 이후 여성단체와 여성지도자들이 지속적으로 주장하였던 "한국문제 해결은 여성문제 해결이며, 여성문제가 해결되어야 한국문제가 해결된다"는 논리의 실현이라 할 수 있다.[14] 그리고 여성단체들이 1947년 입법의원에 주장하였던 "장래의 법률은 물론 남녀평등을 보장하는 것이 될 줄 믿고 우선 현행법규 중에서 여성에게 불공평하고 불리한 법률은 즉시 폐하여주기를 희망함"이라는 남녀평등 보장 입법 요구와 민주여성동맹이 미군정에 제출한 "경제·정치·문화 부문에 있어서의 남녀평등권, 노동·사회적 보험 및 교육 부문에 있어서의 남녀동등권" 등의 지속적인 주장과 건의의 결과이기도 하였다.[15]

이와 같이 제헌의회에서 남녀평등을 보장하는 민주주의 헌법이 제정되었고, 이 헌법은 참정권, 노동권 등 각 부분에 있어서의 남녀동등권에 기초하였다. 법 앞에서 남성과 여성을 불문하고 모든 사람이 평등하다는 기본적 법 원칙은 여성의 법적 지위와 관련하여 매우 의미 있는 것이었다. 이를 기본 원칙으로 하여 대한민국 헌법은 정치·경제·사회·문화의 모든 영역에 있어서 기회균등 및 남녀평등의 원칙을 명백히 천명하였다. 그리고 개인의 존엄과 남녀의 본질적 평등을 천명한 헌법하에서 제정된 근로기준법, 교육법, 노동조합법, 국가공무원법, 가사심판법, 민사소송법도 남녀평등을 기본으로 삼아야 했다.

제헌헌법은 법 앞에서의 평등을 선언하면서 성별에 의한 차별을 배척한다고 규정함으로써 대한민국의 모든 법률이 남녀평등사상에 기초하여 제정되어야 할 것임을 분명히 하였다. 그러나 남녀평등의 헌법이 있다는 것과 여성들이 평등한 권리를 행사한다는 것은 별개의 문제이다. 여성들이 헌법에 규정된 남녀평등권을 행사하기 위해서는 여성들 스스로가 권리와 의무를 알아야 하고, 또한 이를 인정해주는 사회적 분위기가 수반되어야 했으나, 상황은 이에 미치지 못하였다. 이에 여성계나 여성단체는 여성의식의 계몽을 주요 과제로 설정하였다.

> 평등전선에 여성들이 정도를 걸어가기 위해서는 '생각의 준비'와 '지능의 준비'가 필요하다. 그렇기 때문에 당면한 과제는 첫째도 계몽이요, 둘째도 계몽이요, 셋째도 계몽일 수밖에 없다. … 여성들의 역량을 키워야 하는데, 역량이란 정치적 역량, 사회적 역량, 경제적 역량, 문화적 역량을 말한다. 이러한 역량을 갖지 못한 여성에게 법적으로, 사회적으로 남녀평등을 강조해봤자 그것은 우이독경에 불과하고, 평등은 형식적인 장식물에 불과하다. 대한민국 헌법에서 아무리 여성의 동등권을 승인하고 보장했어도 실제로 여성의 실력이 따르지 않으면 무용지물이라

는 것이다. 실력양성이 중요한데, 이를 위해서 경제적 조건이 갖추어져야 하겠지만 지금까지의 가정제도와 부부도를 새롭게 바꾸지 않고서는 남녀평등의 실체를 바랄 수 없다.

최신덕(1949), "남녀평등의 실제문제", 《민성》 5-9호, 1949년 9월

이와 같이 민주주의 국가 건설에 있어 여성의 실력양성과 의식개혁이 필요하며, 이를 위해서는 계몽이 우선 과제라고 여성 지도자들은 생각한 것이다. 그리고 이들은 여성들이 전통적으로 가정 내 역할을 해왔지만, 이제 가정 밖에서 경제적 역할도 해야 하며, 따라서 가족제도와 부부 역할에도 변화가 있어야 한다고 주장했다.

1948년 남녀평등의 헌법이 제정됨으로써 관습적으로 행해오던 차별적 제도의 개선과 더불어 사회 구성원의 의식 변화를 위한 조치가 필요하게 되었다. 이에 정부는 민주국가에 걸맞은 법률을 제정하기 위해 1948년 9월, 대통령령 제4호에 의해 법전편찬위원회를 발족시켰다. 위원장에는 대법원장인 김병로金炳魯가 임명되었고, 법률가를 총망라한 40여 명의 전문가들이 참여하였다. 이는 만인평등과 각자의 존엄성을 인정하는 제헌헌법에 위배되는 관습법 등을 시정하여 헌법정신에 부합하는 법을 제정하기 위한 것이었다.

- 법전편찬위원회의 직제

제1조 사법에 관한 법전을 편찬하기 위하여 법전편찬위원회를 설치한다. 법전편찬위원회는 대통령의 감독에 속한다.

제2조 법전편찬위원회는 민사·상사商事 및 형사의 기초법전과 기타 소송·행형行刑 등 사법법규의 자료를 수집 조사하며 그 초안을 기초, 심의한다.

제3조 법전편찬위원회에 위원장 1인, 부위원장 2인, 위원 50인 이내를 둔다. 위원장·부위원장 및 위원은 판사·검사·변호사, 행정 각 부문의 법률사무 담임직원, 법과대학의 법률학 교수 및 기타 학식경험이 있는 자 중에서 대통령이 위촉한다.

제4조 위원장은 회무會務를 장리掌理한다. 부위원장은 위원장을 보좌하며 위원장 유고 시에는 위원장이 지명한 부위원장이 그 직무를 대리한다. 위원은 위원장의 명에 의하여 사법에 관한 법전 및 기타 사법법규의 자료를 수집 조사하며 그 초안의 기초, 심의에 종사한다.

제5조 법전편찬위원회에 분과위원회를 둘 수 있다. 분과위원회의 조직 및 분장사무는 위원장이 정한다.

제6조 법전편찬위원회는 특별한 사항의 조사, 심의 또는 사무상 필요가 있는 때는 임시위원을 둘 수 있다. 임시위원은 위원장이 위촉한다. 임시위원은 위원에 관한 규정을 준용準用한다.

제7조 법전편찬위원회에 간사 1인을 둔다. 간사는 위원장이 위

촉한다. 간사는 위원장의 명에 의하여 서무를 정리한다.

제8조 법전편찬위원회에 서기관 5인 이내, 서기 약간 인을 둔다. 서기관 및 서기는 상사의 지휘에 의하여 서무에 종사한다.

제9조 법전편찬위원회의 서무규정은 위원회의 의결을 경經하여 위원장이 정한다.[16]

법전편찬위원들의 명부는 다음과 같았다.

위원장: 김병로金炳魯

부위원장: 이인李仁

위원: 권승렬權承烈, 김용무金用茂, 강병순姜柄順, 김갑수金甲洙, 민복기閔復基, 이상기李相基, 홍진기洪璡基, 김찬영金瓚泳, 양대경梁大卿, 노진설盧鎭卨, 이명섭李明燮, 김우열金又說, 한격만韓格晩, 김윤근金潤根, 정윤환鄭潤煥, 장경근張璟根, 양원일梁元一, 임한경林漢璟, 김태영金泰瑛, 민동식閔瞳植, 엄상섭嚴詳燮, 이호李澔, 김달호金闥鎬, 정문모鄭文謨, 이병용李炳瑢, 박종근朴宗根, 옥선진玉濬珍, 김용찬金溶燦, 김윤수金潤壽, 김영재金寧在, 신언한申彦瀚, 원택연元澤淵, 유진오兪鎭午, 이천상李天祥, 권영욱權寧旭, 조진만趙鎭滿, 신태익申泰益, 김준평金準枰, 최병석崔秉錫, 최병주崔丙柱, 고병국高秉國, 장후영張厚永, 배정현裵廷鉉, 김용식金溶植, 윤용섭尹容燮,

현상윤玄相允, 최규동崔奎東, 이순탁李順鐸, 최태영崔泰永,
장이욱張利郁

위원장과 부위원장, 그리고 50명의 위원으로 구성된 법전편찬위원회에서는 5대 법전인 민법, 민사소송법, 형법, 형사소송법, 상법 등을 대한민국의 실정에 맞도록 새로 고쳐 제정하는 것을 제일의 목표로 하였으며, 국민들의 일상생활에 직접적으로 이해관계가 있는 5개의 법 중 일제강점기 법률의 잔재를 없애고 민주국가의 체면에 맞는 법으로 제정하고자 하였다.[17]

5개의 법 중 여성의 지위, 생활과 관련하여 중요한 것은 민법, 노동법 등이었다. 그리고 그중에서도 오랫동안 남편의 자의로 말미암아 유린당하고 남자의 그늘 밑에서 올바른 주장조차 못하였던 여성들의 권리를 회복하기 위하여 민법 중 '간통죄의 폐지'에 주력하였다. 그리고 행위무능력자 중에서 처妻를 제외하기로 가결하였다.[18]

이와 같이 헌법에서 보장한 남녀평등권은 사회 속에서 서서히 뿌리 내릴 준비를 하였다. 그리고 1953년에 제정된 '근로기준법'은 남녀균등대우를 기본원칙으로 하였고, 여성근로자에 대한 특별한 보호규정을 두었다.

03

1953년 근로기준법의 제정

제2대 국회에 진출한 박순천과 임영신, 두 여성의원이 심혈을 기울인 입법활동 중 하나는 여권신장을 위한 법안 마련이었다. 당시 박순천은 국회 보사분과위원회에 속해 있었기에 여성, 청소년 문제에 적극적으로 나설 수 있었다. 그리고 초대 상공부장관을 지낸 임영신 또한 의석을 차지하고 있었기에 제헌국회 당시보다 여성 관련 법안 마련을 '순조롭게' 추진할 수 있었다.

1948년 헌법이 제정되고 노동법령이 만들어지면서 미성년자 및 부녀자의 노동은 사회적으로 관심의 대상이 되었다. 노동법령에 의하면 원칙적으로 미성년자의 취업은 금지되었으며, 부득이하게 미성년자를 취업시켰을 때에는 규정에 의해 시간외 작업, 야간작업 등은 절대로 금지되었다. 그리고 부녀자의 경우, 특히 임산부의 경우에는 적당한 기간의 휴무 또는 대우를 하도록 규정하였다. 그러나 이러한 법령은 제대로 지켜지지 않았다. 그러므로 당시 사회부는 이러한 문제들을 해결하기 위해 근로기준법을 기안하는 작업을 펼쳤다.[19] 그리고 2대 국회 시기인 1952년 근로기준법이 국회에 제출되었다.

1952년 노동조합법, 노동위원회법, 노동쟁의조정법 등 3개의 노동관계법안을 통과한 국회는 2월 근로기준법안 심의에 착수하였다. 근로기준법은 당시 노동조건에 대한 하등의 기준이 없이 노동조합이 유명무실할 뿐 아니라 노동운동 자체가 합리적인 목표를 잃고 불순한 방향으로 나갈 염려에 대비하여 근로기준에 대한 법을 제정하여 노동 도덕을 정상화하고 노자勞資 양측의 원활한 협조를 얻어 비단 근로자에 대한 이익뿐 아니라 국민경제 전체의 향상에 기여할 목적으로 제안되었다. 근로기준법의 주요 내용은 근로계약, 임금, 근로시간과 휴식, 여자와 소년의 노동제한, 안전과 보호 기능 습득 등에 관한 것이었다.[20]

이와 같이 근로기준법을 제정하는 과정에서 박순천 의원은 다른 의원들과 함께 여자와 만 18세 미만 노동자의 갱내 근무를 금지하고, 여자가 생리휴가를 청할 때에는 월 1회 유급 생리휴가를 주도록 보장하며, 임신 중인 여자에게는 산전산후産前産後를 합하여 60일간의 유급 보호휴가를 보장할 것을 강력히 주장하여 여성노동 입법화에 앞장섰다.[21]

박순천 의원은 근로기준법 제정과정에서 여성권익 향상과

관련하여 특히 여성근로자들의 유급有給 생리휴가 법안 마련을 위해 노력하였다. 그녀는 일본 유학시절에 사회학부의 여공보전과女工保全科를 전공한 경험을 바탕으로 근로여성의 실태조사 작업에 착수하였다. 당시 대한민국의 근로여성은 대부분 방직 공장 여공이었다. 박순천은 온종일 서서 중노동을 하는 여공들이 생리일 중 하루는 쉴 수 있도록 해주는 것이 시급한 과제라고 인식하였다. 또한 박순천은 생리휴가를 무급으로 정하면 여공들이 쉬지 않을 것이라 판단하고, 본회의 발언을 통해 생리휴가를 유급으로 정해줄 것을 호소했다.

이 근로기준법에는 균등처우 규정도 마련되었다. 즉, 균등처우 조항에서는 "사용자는 근로자에 대하여 남녀의 차별적 대우를 하지 못하며, 국적, 신앙 또는 사회 신분을 이유로 근로조건에 대한 차별적 대우를 하지 못한다"고 규정함으로써 노동 및 고용에 있어 남녀평등을 명시했다.[22]

04

간통쌍벌죄 도입 추진

제2대 국회에서 여성의원들이 심혈을 기울여 추진한 또 하나의 사안은 간통죄에 남녀쌍벌죄를 도입한 것이었다. 간통이란 결혼하여 배우자가 있는 사람이 배우자가 아닌 사람과 성적 관계를 맺는 것이다. 그러나 당시 간통 시에는 여자만 간통죄로 처벌받았다. 간통죄는 기존의 인습처럼 자행되던 축첩제도와 밀접한 관련이 있는 법이었다. 여성단체 및 여성지도자들은 축첩문제는 문명사회의 수치이자 여성 전체에 대한 일대 모욕이며, 축첩이란 가부장제 이데올로기가 극대화된 남성우월주의의 상징이라고 보았다. 그렇기 때문에 해방 직후부터 박순천을 비롯한 여성계에서는 축첩제도에 대한 전면적 투쟁을 전개하는 한편, 축첩을 법적으로 허용치 않도록 새로운 법률을 제정하자는 안을 내놓았다.

축첩공무원 퇴출

축첩공무원 문제가 처음 제기된 것은 1949년 7월 국회에서 '공무원법'을 심의하면서 정준鄭濬 의원을 비롯한 82명의 의원이 공무원 임용자격 결격사유에 '축첩한 자'를 포함해야 한다는 수정안을 제출하였을 때이다. 수정안은 "축첩생활이란 계급제도를 그대로 인정하는 것이고, 가정을 파괴하는 것"이라며 축첩이 봉건적 잔재임을 강조했다. 그러나 수정안은 "이를 법률로 규제할 것이 아니라 점진적인 사회정화 내지 개혁운동에 맡겨야 할 것"이라는 반론에 부딪혀 부결되었다.

1949년 7월 28일, 대한부인회는 국회에서 축첩의 불법화 입법이 좌절된 것에 항의하여 축첩공무원 퇴출을 주장하며

축첩제도(蓄妾制度)

국가나 사회에서 첩을 두는 것을 허용하는 제도이다. 조선시대에 축첩이 공인되었고, 첩은 별가(別家), 소실(小室), 소가(小家) 또는 축실로 불리었다. 또한 조선시대에 첩은 처에 준하는 지위를 인정받았으며, 재산상속권도 가지고 있었다. 1915년 조선총독부 통첩으로 첩의 호적입적이 금지되었으나, 형법상으로 남자의 간통행위는 처벌받지 않고 허용되었기 때문에 축첩은 계속해서 이루어졌다. 1948년 제헌헌법에서 혼인의 남녀동권 및 순결을 규정함으로써 명목상으로 축첩은 금지되었다. 그리고 1953년 형법에 간통죄 및 쌍벌죄가 규정되어 남자도 처벌받는 쌍벌주의를 취하게 되면서 축첩은 사회적으로 공인되지 않은 행위가 되었다.

700~800명에 달하는 여성들을 모아 서울시 공관 앞에서 대대적인 시위를 벌였다. 여성단체들은 축첩이 제도적으로 인정되면 성평등은 고사하고 같은 여성 간에도 본처와 첩으로 나뉘어 서로를 질시의 대상으로 삼게 되며, 가정 내에서 여성의 지위가 남성의 선택에 따라 좌우된다고 주장하였다. 그리고 이러한 축첩을 금지하기 위해 여성운동의 일환으로 법제화 운동에 적극적으로 여성단체들을 동원하여 궐기대회를 개최하였다. 여성계에서는 축첩반대법안을 헌법에 보장된 남녀평등권의 실현이라는 입장에서 접근하였다. 즉, "첩을 얻은 사람은 공무원이 못 된다"는 조항을 공무원 법안 중에 넣자고 국회에 제안한 것이다. 그러나 이 제안은 부결되었고, 이 사실은 여성계에 큰 충격을 주었다. 이에 대한부인회가 앞장을 서서 "축첩공무원은 물러나라"고 주장하며 축첩반대궐기대회를 펼치는 등의 행동을 하였다. 궐기대회는 신생활운동의 하나로서 우선 축첩반대운동을 전개하기 위하여 개최되었는데, 마침 당면한 투쟁목표로서 축첩공무원 숙청을 강조한 것이다. 당시 여성단체에서 외친 구호들은 여성들의 마음을 그대로 옮겨놓은 것이나 마찬가지였다.

"아내여! 남편에게 자기 딸을 첩이나 기생으로 내어놓겠는가 물어보라."

"여인의 정조가 아름다우면 사나이도 지키라."

여성들은 이와 같은 구호를 적은 전단을 손에 들고 동참하였다. 이때 당시 박순천과 임영신 국회의원은 "축첩문제가 논의되어 공무원은 첩을 두어도 좋다고 되어 있는데, 이것은 여자의 인권을 무시한 것은 말할 여지도 없거니와 여성을 마치 물건 취급을 하는 데 대하여는 5천 년 동안 쌓인 우리들의 불만과 울분이 폭발하기 시작한 것이다"라고 말을 꺼내고, 축첩은 여성을 무시하는 것이라며 축첩반대 투쟁을 선언하였다. 이와 같이 대한부인회를 위시한 여성단체들의 대대적인 축첩추방운동은 대한민국 여성들의 단합된 힘을 보여주었다.

> 축첩제도가 엄연히 행세를 하고 남자에게만 이혼의 자유가 있는 한 여성해방이란 있을 수 없는 거짓말이다. 공문서와 말만의 해방으로는 진정한 해방이 아니다. 여성의 해방은 여성의 땀 섞인 노력을 통해서야 오는 것이니 겉 해방에 날뛰지 말고 우리의 실력으로 참 해방을 만들자.
>
> 황기성(1950), "3·1운동과 여성해방", 《부인경향》 1950년 3월호

당시 여성지도자들은 헌법상 남녀평등권의 보장이 구체적으로 표현된 것으로 가장 중요한 것이 여성의 투표권, 즉 정치참여권의 보장이며, 다음으로 중요한 것이 가정 내 불평등한 부부관계의 표출인 축첩에 대한 반대라고 보았다. 축첩반대운동은

일제강점기부터 여성운동의 주요 이슈 중 하나였던 것이다. 여성계는 1949년 7월의 항의 궐기대회에서 다음과 같이 주장하였다.

- 결의문

국회의원 제공께.

금번 국회에서 연 3일에 걸쳐 토의된 축첩문제 부결에 대하여 우리 여성은 항의한다. 국가가 초비상 시기에 있는 국정을 알고 여성문제는 차기次期를 기다리고 자숙 태도로 함구불언하고 있었는데, 국회에서 82의원이 찬성 제의하여 무기명 투표에서는 53명의 찬성이라는 기묘한 숫자로 부결된 축첩이란 문제는 장구한 시일에 억압을 당한 우리들에게 짓궂은 충동이라고 본다. 우리 여성을 옹호한다고 이 문제를 제기한 82의원들은 과연 전부가 첩이 없는 분들이었으며, 이를 부결한 분들은 첩이 있단 말인가 의심하는 바이다. 제공들이 자기의 연봉을 가결할 때의 열과 일사천리식 만장일치는 가관이었는데, 국민의 반수인 우리 여성들은 제공들을 선출할 때 결코 심심풀이로 염천炎天에 그늘 밑에서 부채질하는 격으로 여성문제를 국회에서 논의하라고 보낸 것은 아니다.

《자유신문》, 1949년 7월 29일

이 궐기대회에서 박순천은 "국회에서 축첩을 반대하는 법안이 그대로 묵살되었으니 이는 우리나라에 있어 결국 축첩제도를 법률로서 묵인하게 된 셈이요, 여성전체에 대한 모욕이다. 이에 우리는 총궐기하여 축첩제도에 대한 전면적 투쟁을 전개하는 한편 축첩을 인정치 않도록 하는 새로운 법률을 제정하도록 촉진시킬 방침"임을 천명하였다. 또한 김분옥金芬玉은 '생활개선은 가정으로부터'라는 제목의 강연에서 "우리는 어렸을 때 오빠와 싸운 일이 있는데 그때 어머니는 여자가 참아야 된다고 말씀하시고, 우리들은 그런 방식으로 남자에게 늘 지고 그저 참고 참아서 살아오는 동안 남자들은 첩을 두기 시작하였으나 우리는 결단코 남의 첩이 되지 말자"고 열변을 토하였다.[23]

국회는 이러한 여성계 의견에 화답하여, 국가공무원법에는 포함되지 못했으나 100명의 국회의원이 서명한 '축첩공무원을 엄단하라는 건의서'를 대통령에게 제출하였다. 또한 임영신이 주동이 되어 "공무원은 국민의 의표儀表가 되어야 할 것이 당연하니 전형에 있어서 현직자도 포함하여 그 신분조사를 철저히 하여 축첩을 난행亂行하여 우리 민주제도의 윤리도덕을 파괴하는 자는 엄중 제지하는 방침을 취하여주시오"라는 요지의 건의를 정부에 제출하였다.[24]

이러한 힘은 결국 1949년 12월 이승만 대통령으로 하여금 법제처장에게 축첩방지법 제정을 지시하도록 하여 입법이 추진되는 결과로 이어졌다. 이승만은 입법추진과 아울러 국민들에게 축첩을 금하라는 담화문을 발표하였다. 이 발표에서 대통령은 "개명한 나라에 축첩은 사회도덕상 불공평한 일이고 없어져야 할 폐습"으로 반대를 표명하고 축첩방지법을 만들어 공포하겠다고 발표하였다.

> 1남 1녀로 가정을 이루어 국가사회에 기본이 되는 것은 모든 개명한 나라의 동일한 법이요 우리나라에서도 자고로 부부의 배필을 존중하는 것이 오륜五倫에 들게 되어 상대여빈相對如賓, 상대방을 손님처럼 극진히 대함으로 내외간의 동등 권리를 누리는 것은 소위 사부士夫 가정에 중대한 예절로 여기던 것이다. 그러나 중간에 이르러 소실을 두는 습관이 생겨서 남자가 첩을 두는 것이 풍속화되어 오직 부인들만이 정조를 지키고 남자는 정조를 지키는 법이나 예의가 없기에 이르렀으니 이것은 사회도덕상 불공평한 일일 뿐만 아니라 일남다처의 비평을 면할 수 없는 것이니 개명한 나라의 국법으로 이러한 결점이 있다면 우리로서는 다 같이 그 수치를 막기 어려울 것이다. 이 폐습을 막아서 우선 국가의 명망을 중히 여기며, 또 우리가 유래로 존중해오던 1남 1녀 가정을 보호하는 동시에 여자의 지위를 높여서 첩이나 소실이라는 천한 자리에 떨어지는 사람이 없도록 하여야 한다 … 법에 극히 주의해서 욕스러운 폐습을 영영 막아서 우리가 범한 오

랜 치욕을 삭제함이 개명한 국민으로서 마땅한 직책이다.

《자유신문》, 1949년 12월 11일

이후 정부는 정기적으로 축첩공무원에 대한 숙청을 단행하였다. 1950년대 내내 공무원 감원 문제가 제기될 때마다 감원의 제1차 대상은 축첩공무원이었다. 이와 같이 축첩방지법안이 국회를 통과하지는 못했지만 그 영향은 적지 않았다. 1950년 6월 23일 내무장관이 축첩경관 파면에 관한 담화를 발표하여 행정부 내에서 실행에 옮긴 것이 그 예이다. 당시 내무장관은 "경관은 민중의 모범이 되어야 하는 까닭에 인권을 존중하는 의미에서 경찰의 축첩을 금한 것이다. 지난 15일 현재 경감 2명, 경위 24명, 경사 84명, 순경 141명 합계 251명을 퇴직시켰다"고 발표하였다.[25] 이승만 대통령의 축첩금지 입법의지 표명은 간통죄에 대해 남녀쌍벌주의를 채택한 정부 초안에도 반영되었다.

당시 박순천과 임영신 두 여성의원은 본인들이 여성운동을 하다가 국회에 들어갔으므로, 효과적으로 여성권익을 향상시키기 위해 국회에 있는 동안 최대한 많은 일을 해야 한다는 각오를 다지곤 하였다. 박순천은 여성변호사인 이태영李兌榮과 합동으로 딸도 호주상속과 재산상속을 할 수 있도록 가족법을 개정하는 운동을 벌였다. 이를 위하여 대한부인회 회원들이 앞장서서 각계에 여론을 환기시켜 이 법에 대한 개정의 필요성을 설득하였다.

당시로서는 여자가 호주상속을 할 수 있다는 발상은 상상도 못하였으므로, 사위가 입부혼入夫婚을 통하여 호주상속하는 방법을 추진하였다. 박순천, 임영신 의원은 이 제도만 실시되면 딸만 있는 집에서도 무조건 친척 중의 남자를 양자로 들여서 대를 잇는 폐습을 막을 수 있다고 생각하여, YWCA 등 다른 단체와도 연합하여 법 개정을 추진하였다.

그러나 각계의 반응은 의외로 싸늘하거나 좋지 않아, 만나는 사람마다 사위가 상속을 한다는 데는 질색을 했다. 김병로 대법원장은 가족법 개정의 취지를 설명하러 간 부인회 간부들에게 "어떤 사내가 사위 양자를 온답디까?" 하고 펄쩍 뛰며 반대하였다는 후문도 전해진다. 이리하여 제2대 국회에서는 노력의 대가를 찾지 못한 채 가족법 개정안이 사장되어버렸다. 그러나 이후 이태영을 중심으로 한 여성계의 지속적인 노력으로 1957년도 제3대 국회 때 가족법 중 일부가 개정되었다.

간통쌍벌죄 폐지 논의

대한민국 정부 수립 이후 축첩 외에 부부관계의 불평등과 관련해 당시 중요한 사회문제로 떠오른 것이 간통문제였다. 이와 관련하여 1949년도부터 법전편찬위원회에서는 오랫동안 남편의 자의로 말미암아 유린당하고 남자의 그늘 밑에서 올바른 주장조차 못하였던 여성들의 권리를 회복하기 위해서 민법 중 '강간, 간통에 관한 법적 죄의 유무有無 문제'에 관해 논의한 바가 있었다. 즉, 간통에 대해 여자만 처벌할 것인가, 또는 도의적 문제로 돌리고 법적으로는 불문에 부칠 것인가 등에 대하여 논의한 것이다.[26]

다른 한편 법전편찬위원회는 당시 행위무능력자 중에서 처妻를 제외하기로 가결하였다. 당시 현행법상으로 행위무능력자는 미성년자, 금치산자, 준금치산자 그리고 처의 4종류였다. 이것은 성인 여성이 결혼을 하였다는 이유로 금치산자나 미성년자 취급을 받게 되는 비합리적 조항이었다. 이 조항으로 인하여 결혼한 여성은 남편의 동의가 없으면 빚을 내거나 부동산 처분, 소송, 증여, 화해, 상속, 승인 등의 행위를 절대로 수행할 수 없었다. 처가 이러한 행위를 할 수 있는 때는 남편이 생사불명 되거나 자기를 버렸을 때, 혹은 남편과 이해가 상반되는 때로 국한되었다. 이와 같은 상황으로 인해 여성의 권리는 법으로 억제되어 있었고, 법전편찬위원회가 이를 시정한 것이다.[27]

한편 법전편찬위원회는 설립 취지에 맞게 일본식의 육법전서를 폐기하고 대한민국의 관습과 민주주의 과업 실천에 적합한 법률을 새로 제정하는 작업에 착수하였다. 그 일환으로 위원회는 민주주의 원칙인 남녀평등을 강조하여 봉건 잔재인 재래의 일본 법률을 일소하는 작업에 주력하며 ① 처를 행위무능력자에서 제외하고 능력자로 규정할 것과, ② 간통죄는 남녀평등이란 점에서 불문에 처할 것 등에 대한 민법 제정에 나섰다.

그리고 법전편찬위원회에서는 간통죄와 친족상간죄 철폐를 결정하였다. 간통죄의 폐지와 관련하여 당시 일반 여론은 여성들만 처벌하는 기존 법을 고수하자는 여론과 남녀 다 같이 처벌하자는 여론, 그리고 남녀 다 불문에 부치고 다만 도의적 문제로 돌리자는 여론으로 나눠어 있었다. 간통이란 법률이 있다고 해서 없어지는 것은 아니니 도의적 문제로 맡기자는 것이었다. 그러나 여론은 여전히 여성만의 처벌을 주장하는 쪽이 주류를 이루었다. 그 이유는 생리적, 심리적으로 남자와 여자는 다르며 여자의 마음은 편파적이어서 한번 다른 남자하고 관계하면 집안을 모르고 두 남자를 섬기지 못하는 법이니 이를 처벌하자는 것이며, 그렇다고 해서 남자도 처벌하자면, 남자의 성욕은 여자보다 강해서 종교로써도 막지 못하는데, 이것을 처벌하면 첩妾 있는 사람은 물론이요 대개가 처벌 받을 것이니 실태상 부적당하다는 논리였다.[28]

그리고 간통죄 폐지와 관련하여 간통죄의 법적 성립 여부, 처벌 여부, 처벌 범위 등이 논란의 핵심이 되자 대법원은 기자들과 담화를 하며 사법부의 입장을 밝혔다.[29]

강간·간통에 관한 법적 죄의 유무 문제에 있어서는 수개월 전

법전편찬위원회에서 헌법요강 토의 당시에 논의되어 간통에 있어 여자만 처벌할 것인가, 남녀 모두 처벌할 것인가 또는 이에 관하여는 도의적 문제로 돌리고 법적으로는 불문에 부칠 것인가, 이 세 가지 조항 중 결국 어느 하나를 채택하기로 된 것인데, 이때 다수가결로써 도의적 문제로 돌리고 처벌하지 말기로 동 위원회로서는 결정한 것이다. 그러나 이는 성안으로서 국회의 통과를 보아야 할 것이다. 그런데 지난 12일 법전편찬위원회에서 또다시 이 문제가 번복되었었으나 이미 결정된 원안대로 회복하게 된 것이다. 그리고 앞서 말한 세 가지 조항을 주장하는 각자의 이유는 다음과 같다.

1. 남녀 모두 처벌치 말자는 이유: 간통은 법이 있으나 없으나 일어나는 것이므로 법의 효과가 없을 것이니 이는 도의적으로 돌리고 법으로 제지하지 말자.
2. 남녀 모두 처벌하자는 이유: 헌법상 남녀는 동권이므로 일방만 처벌함은 불공평하다.
3. 여자만 처벌하자는 이유: 무조건 여자만 처벌한다는 것은 아니다. 즉, 남편이 묵인한 때나 유기한 때나 학대한 때나 혹은 남편이 사후에 용서한 때나 또는 특수한 경우이지만 남편의 사전허가가 있을 때는 죄가 없으며, 남편이 이를 안 뒤 6개월이 지나도록 고소를 제기하지 않으면 죄는 성립되지 않는다.

그리고 간통한 여자만 처벌하는 근거에 대해 다음과 같은 의견을 내놓았다.

> 이것은 우리나라뿐만 아니라 세계 각국에서 논의되고 있는 문제이다. 여자만 처벌함에 있어서는 다음과 같은 근거가 있다. ① 생리적으로 남자와 다르다. ② 심리적으로 남자와 다르다. 여자의 마음은 감정적이고 단순하고 또 편파성이 있으므로 마음이 전향되기 쉽다. ③ 성욕은 남자가 강하므로 여하한 방법으로 써도 이는 결코 막을 수 없는 것이다. 남자를 처벌한다면 누구나 안 걸릴 사람이 없으니 이는 실지상 불가능하다. 그리고 지금 경찰서에서 취체하는 것은 풍기에 대한 경찰법 위반뿐이며 죄는 구성되지 않는다.

이러한 세 가지의 안에 대한 여론이 형성되고 있었으나 헌법에 명시된 남녀평등의 실현이라는 점을 들어 '간통은 처벌하지 않는다'는 안으로 잠정 결정된 것이었다.

나아가 당시 간통을 처벌하지 않는 논리로서는 정치적으로 민주국가의 '체면'이라는 점이 언급되었다. 즉, 민주 선진국가들이 간통을 처벌하지 않으므로 대한민국도 이에 준하기 위해 처벌하지 않는다는 것이었다. 그리고 두 번째는 남녀 간의 애정관계에 있어 봉건시대의 남성은 강압적 수단이나 구속으로

라도 여성을 복종시키고 예속시킴으로 해서 얻어지는 '애정'에 만족을 갖고 있었을지 모르지만 현재의 남성은 남녀 간의 애정을 억압과 구속으로써 강요하지 않을 것이요, 설사 그렇게 함으로써 성립이 된다고 하더라도 오히려 그것을 남성의 불명예로 알 것이며 따라서 그러한 '애정'에 만족할 가능성은 없는 것임에, 현대 남성은 어디까지나 상대방의 자유의사 존중과 관련이 있다는 것이었다.

그러나 여성계에서는 대체로 간통죄 폐지에 반대하는 견해들이 나왔다. 간통죄 폐지가 국회에 상정되자 사회부 부녀국장 박승호는 "간통죄란 개인생활에 관한 것인 만큼 민주국가 법률에서는 당연히 이를 철폐하여야 될 것이다. 그러나 우리의 현 사회실정으로 미루어 보아 만약 이러한 법의 제재가 없어진다면 그나마 존재하던 도의적 인습관은 완전히 소실될 것이며 따라서 이 나라의 정조관념은 여지없이 땅에 떨어지고 말 것이다"고 밝혔다.[30]

이러한 여성들의 주장에 대해 일각에서는 이 법령의 철폐가 시기상조란 구실로 존속을 주장함은 세간의 웃음거리밖에 되지 않을 것이며, 나아가 민주주의를 찬양하는 시대임에도 여성은 진정한 민주주의와 자신의 해방을 위하여 투쟁하는 것을 등한시한다며, 봉건시대의 유물인 간통죄에 대한 철폐운동을 전개해야 함에도 여성 자신의 자각에 의해 이 법이 철폐되지 않

은 것에 대해 유감을 표하기도 했다.[31]

이 문제에 따른 논란은 1950년도 전시 중 피란국회까지 이어졌다. 당시 여성단체 회원들은 현수막을 트럭 위에 달고 시가지를 누비며 캠페인을 벌였으며, 임영신과 박순천 두 의원은 간통쌍벌죄 법안을 통과시키기 위해 국회의원들을 대상으로 로비활동을 벌였다.

간통죄의 철폐 문제는 국회에 상정되어 오랜 기간 갑론을박을 거듭했다. 그러나 1953년 여성만을 처벌 대상으로 삼은 형법의 간통죄는 남녀평등을 보장한 헌법정신의 위배로 논란이 되었다. 당시 유현수가명라는 여성에 관한 간통 및 무고 사건의 상고사건을 재판 중에 있던 대법원에서 동 간통죄에 대한 해당 법조인 형법 제183조 제1항유부의 부가 간통한 때에는 2년 이하의 징역에 처한다이 남녀평등을 규정한 헌법 제8조 제1항과 '혼인의 순결은 국가의 특별한 보호를 받는다'는 헌법 제20조에 위반된다고 인정하고, 다음해 12월 1일 백한성白漢成 대법관의 이름으로 헌법위원회에 위헌 여부 심사를 재청할 것을 신청하였다. 당시 백한성 대법관의 재청신청 이유는 "국민은 법률 앞에 평등하며 부부의 도에 관하여 쌍방이 다 같이 신의와 성실을 지킬 의무가 있고 또 이를 희구할 권리가 있음을 보장하여 국가가 국민을 보호할 것을 공약한 헌법정신에 비추어 여자의 일방적 간통만 처벌하는 것은 명백한 헌법위반이다"라는 것이었다.[32]

당시 관계되었던 헌법 조문은 헌법 제8조 제1항의 "모든 국민은 법률 앞에 평등이며 성별, 신앙 또는 사회적 신분에 의하여 정치적, 경제적, 사회적 생활의 모든 영역에 있어서 차별을 받지 아니한다"는 조항과 헌법 제20조의 "혼인은 남녀평등을 기본으로 하며 혼인의 순결과 가족의 건강은 국가의 특별한 보호를 받는다"는 조항이었다.

이와 같은 간통의 위헌 논의와 관련하여 박순천 의원을 비롯한 여성계는 쌍벌주의를 주장했다. 즉, "남녀를 막론하고 배우자를 가진 자가 간통하였을 때에는 2년 이하의 징역에 처한다. 그와 상간相姦한 자도 같다. 단, 배우자의 고소가 있어야 논한다"는 규정을 포함시킬 것을 주장하였다. 즉, 남녀가 똑같이 배우자의 간통에 대해 벌을 받아야 한다는 것이다.

한편, 쌍벌죄에 대한 논의과정에서 법전편찬위원회와 일부 의원들은 여성 편에 서서 쌍벌죄 조항의 삭제를 주장하거나 남자만을 처벌해야 한다는 주장을 하기도 하였다. 변진갑邊鎭甲 의원은 쌍벌죄 조항의 삭제를 주장했는데, 그 이유는 "(쌍벌주의가) 약한 여성을 돕고 정조를 지키는 고래의 미풍양속을 위해서는 그 취지가 좋으나, 현실에 비추어 남편을 같은 조건으로 처벌하게 되면 (여성들이) 이혼하게 되어 오히려 가정의 파탄을 가져오게 되므로 (쌍벌주의 문제는) 사회도덕의 향상에 맡기고 법률로 규정할 필요가 없다"는 것이다. 또한 김봉조金鳳祚 의원은 "아내 있는 남편이 간통을 했을 때에는 남편만을 2년 이하의 징역에 처한다"는 수정안을 제시하기도 하였다.[33]

그러나 당시 대부분의 의원들은 쌍벌죄 규정에 찬성하지 않았다. 그리하여 박순천 의원과 여성계에서는 남성들의 반발을 무마하기 위해 새로 제정될 형법이 시행되기 전에 처 이외의 여자와 유지해 온 부부관계에 대해서는 간통죄를 적용하지 않는다는 단서조항을 붙였다.

1953년 7월 국회 본회의에서는 간통죄에 관한 수정안 중에서 남녀쌍벌죄를 채택하되 동법 시행 전의 간통죄는 처벌하지 않는다는 박순천의 원안이 재석 110인의 과반수 55표에서 한 표가 많은 56표의 찬성으로 통과되었다. 간통죄를 범한 경우 여자만을 처벌하게 되어 있는 재래의 형법이 이론상 부당하다는 데 대해서는 누구도 이의를 제기하지 않았다. 그러나 표결이 가까워지자 남성의원들의 눈치가 상당히 달라져서 그들의 동조를 얻기는 너무도 힘든 상황이었다. 몇몇 남성의원은 이 법이 통과될 경우 자신 또한 법에 저촉될지도 모른다는 걱정을 하였다. 당시 박순천은 이들을 안심시키기 위하여 제안 설명에서 "지금까지의 이중생활은 일체 불문에 부치도록 하자"고 누누이 강조하며 법안통과를 기획하였다. 박순천은 간통죄 문제를 지속적으로 제기하여, 1953년 9월 18일 형법법률 제293호에 일제강점기부터 적용되어온《형법대전》과 조선민사령에 규정된 간통죄 처벌 규정을 새로 제정하였다.

1953년 9월 18일, 쌍벌죄 조항이 포함된 신新 형법이 공포되었다.[34] 이로써 해방 후부터 여성단체의 주요 이슈였던 축첩반대운동이 법적 결실을 맺게 되었다. 여기에는 축첩을 간통죄로 고발하여 법적으로 형을 줄 수 있게 됨에 따라 사회적으로 일반화되어 있던 축첩의 인습을 제거하였다는 사회 개혁적 의미가 있었다.[35]

《형법대전》(刑法大典)

1905년 반포된 형법전(刑法典)으로, 서구식 근대 형법전 편찬방식을 대체로 따라 단일 법전 안에 범죄의 성립 및 형식의 종류에 관한 총칙적 규정을 두고, 그에 기초하여 각 범죄에 대한 형벌규정을 전개하는 형식을 취하였다. 형법에 의한 형벌은 일반적으로 준엄하였으며 해방 후 '조선형사령'에 의하여 폐지되었다.

05

가족법 개정운동과 신 민법 제정

가족법의 개정은 여권 확보의 첫 번째 열쇠라고 할 정도로 당시 한국여성의 권익 신장과 관련하여 매우 중요한 과제였다.[36] 때문에 여성단체들은 1953년 이후 가족법 개정운동을 꾸준히 추진하였다.

1953년 대한부인회를 중심으로 한 전국 여성단체에서는 남녀평등을 이념으로 하는 헌법정신에 비추어 잘못된 관습을 타파하고 국민의 행복과 안녕을 증진시키기 위한 견지에서 민법 중 친족상속편 개정에 관한 건의안을 국회에 제출하였다. 당시 여성계에서 제출한 건의안은 7개 항목에 걸친 것이었는데 호주권 관계, 혼인관계, 친권관계, 양자문제, 상속인의 순위, 재산상속 문제가 대표적이었다.[37]

1. 호주권 관계

1) 여호주 또는 여호주 될 부녀가 혼인하는 경우에 당사자 간 합의로 부夫나 여호주가 또는 처妻의 부가父家에 입가할 수 있도록 할 것.

2) 가족인 여자도 분가할 수 있도록 할 것.

3) 기혼한 여자로서 혼인이 해제된 경우에 부가夫家에 있기를 원하지 않을 때나 또는 실가室家 본적을 원치 않을 때에는 일가를 성립하여 호주가 될 수 있도록 할 것.

2. 혼인관계

1) 부부동거의 장소는 부부 간의 합의에 의하여 결정할 것. 단 협의가 여의치 않을 때는 법원의 결정에 의할 것.

2) 부夫 또는 처가 혼인 전부터 취득한 재산 및 혼인 중 자기 명의로써 얻은 재산은 그 특유재산으로 하고 부부 어느 편에 속하는지 분명치 않은 재산은 부부의 공유에 속하는 것으로 추정할 것.

3) 이혼으로 인한 위자료 및 재산 분여청구권을 인정하고 규정을 설치할 것.

3. 친권관계

친권의 행사는 부모 공동으로 행할 것.

4. 양자문제

1) 양자는 동성동본同姓同本을 필요치 않은 것.

2) 40세 이상의 남녀는 기혼 미혼을 불문하고 양자를 할 수 있도록 할 것.

3) 양자는 남녀를 불문할 것.

4) 배후자 있는 자는 동의 없이 양자를 하거나 양자가 될 수 없도록 할 것.

5. 상속인의 순위

제1순위: 피상속인의 직계비속인 남자. 단 수인인 경우에는 연장자로 할 것.

제2순위: 피상속인의 가족인 직계비속 여자. 단 수인인 경우에는 연장자로 할 것.

제3순위: 피상속인의 배우자.

제4순위: 피상속인의 모母.

제5순위: 피상속인의 조모祖母.

6. 재산상속 문제

1) 출가녀 외 재산 상속분을 남형제와 균등히 할 것.

2) 배우인의 상속분은 다음과 같이 할 것.

(1) 직계비속 및 배우자가 상속인일 때는 3분지 1.

(2) 직계존속 및 배우자가 상속인일 때는 3분지 1.

(3) 배우자 남男 형제자매가 상속인일 때는 3분지 2.

한편 1953년 7월 법전편찬위원회는 친족법 초안을 완성하였다. 동 초안에 대해 법전편찬위원회는 민주주의하에 있어서의 남녀평등과 대한민국 고유의 미풍전통 등을 중요시하며 기초한 것으로, 대한민국의 친족관계에 있어서의 관습을 성문화한 것은 이것이 처음이라는 점에서 의의가 크다고 발표하였다. 당시 동 초안의 골자는 다음과 같다.[38]

1. 혼인: 성년자는 자의로 결혼할 수 있고 남자는 만 18세, 여자는 만 16세 이하는 결혼할 수 없다. 그러나 미성년자로서 결혼할 시에는 부모의 승낙을 받아야 한다.
   한편 원칙적으로는 동성동본끼리는 결혼할 수 없는 것이나 동성동본이라 할지라도 선조계통이 분명치 않는 한 할 수도 있다고 되어 있다. 그리고 남계男系 혈족의 배우자 및 부夫의 남계 혈족 및 4촌 이내의 기타 인족姻族이거나 인족이었던 자는 혼인할 수 없게 되었다.
2. 약혼: 약혼 역시 연령은 결혼과 같이 되어 있는데, 여기에 특기할 것은 약혼을 해제할 시에는 과실 있는 상대방에 대해서 손해배상을 청구할 수 있게 되어 있으며 손해배상 청구는 재산상 외에 정신상 고통에 대해서도 할 수 있다는 것이다.
3. 양자: 서양자데릴사위만은 제지한다는 것이 특징이다. 입양할 수 있는 자는 방계비속傍系卑屬의 자子 행렬에 의해야 하며, 양자를 맞을 수 있는 자는 30세 이상이라야 한다.

4. 상속: 제사 상속제도는 법률제도를 폐지하고 도덕의 범주 내 이양하여 호주상속제도를 참작하여 기초되었는데, 첫째로 분묘에 속한 1정보 이내의 금양임야禁養林野 3단보 이내의 묘답인 농경지 및 피상속인의 주거 및 족보 그리고 제구의 소유권은 호주 상속인이 인계받는다. 한편 상속분에 대하여는 피상속인의 직계비족 존족처가 공동 상속인인 경우 또는 호주상속이 된 자, 또는 호주 아닌 피상속인의 후계될 자의 상속분은 그 공동 상속인이 두 사람일 때에는 3분의 2를, 3인 이상인 때에는 2분의 1을, 5인 이상일 때에는 3분의 1을 호주 상속인이 상속한다.
5. 호주: 이제까지의 봉건적인 생각을 폐기하여 여자가 호주가 될 수 있다고 규정했으며, 가족이 혼인 외의 자녀를 출생할 시는 호주의 승인을 얻어 입적할 수 있고 새로 일가를 창립할 수 있게 되었다.
6. 유언: 유언은 성년자만 할 수 있으며 유산은 전거한 바와 같이 상속분 규칙에 의하여 행하고 유류분을 폐지한다. 다시 말하면 피상속인의 유언에 의거한 유산 분배제는 폐지한다는 것이다. 후계자가 선조의 차금借金을 갚을 시에는 유산만으로써 청산할 수 있게 되었다. 다시 말하면 가령 선조가 100환을 체금했다고 할시 후계자가 상속한 유산이 50환인 경우에는 50환만 지불함으로써 청산된다는 것이다. 그러나 자기 선조

의 차금은 자식 된 도리로써 다 갚아야만 된다고 생각할 적엔 별 문제이다.

그러나 민법 입법이 본격적으로 추진된 것은 1956년 들어서였다. 국회 법제사법위원회 민법안 심의소위원회는 정부가 제출한 민법초안을 검토한 후 1956년 9월 5일 친족상속편에 대한 축조逐條의 기준이 될 친족상속편 요강 심의록, 이른바 '법사위요강'을 완성하여 발표하였고, 1957년 4월 6~7일에는 국회 공청회가 열렸다.

이날 여성계는 국회 공청회에 참가하여 유림과 정면 대결도 불사하였다. 민법 중 친족상속편의 심의요강과 수정안을 놓고 사회단체, 종교단체, 법조계의 의견이 분분한 가운데, 여성계는 헌법 이념대로 남녀평등을 보장하는 입법을 주장하였다. 보수단체인 유도회는 종래의 유교 도덕관에 입각하여 "한국 고유의 미풍양속을 유지해야 한다"는 명분하에 가족법상 여성의 지위 향상은 가정의 혼란을 야기한다며 여성계의 주장에 대하여 반대하였다.

여성단체는 가족법상 남녀차별은 헌법에 위배된다는 점을 지적하고 호주상속 및 재산상속의 남녀평등, 동성동본불혼 원칙 폐지, 적모서자 간의 법적 혈연관계 폐지, 이혼 시 재산분할제도의 마련 등 여성계의 의견을 개진한 후 전국여성단체연합의 이름으로 가족법 초안 심의요강에 대한 의견서를 제출하였다.

또한 여성단체는 가족법에 대한 총 57개 항목의 수정안과 민법안 중 친족상속편에 대한 수정안 및 이유서를 1957년 11월 정일형 의원 외 33인의 이름으로 제출하였다. 나아가 여성단체연합과 여성문제연구원은 국회의사당 앞에서 평등한 가족법을 제정하기 위한 시위를 전개하였다.

이 시기 법률에서 친족상속편은 대부분 조선시대 이래의 관습법을, 재산편은 구 일본 민법을 의용하여 여성의 권리에 대한 인식은 좀처럼 찾기 어려웠다. 이는 남녀평등에 입각한 제헌헌법에 위배되는 법 현실로, 헌법에 위배되지 않는 가족법의 제정이 시급한 국가적 과제로 대두하였다. 1948년 헌법이 제정 시행된 것에 이어 법전편찬위원회가 대통령 직속기관으로 구성되어 민사, 형사 등의 기초법전을 기초 심의하였다. 위원장에는 당시 김병로 대법원장이 선출되었는데, 그는 친족상속법은 나라의 사회, 국가, 민족 윤리와 역사적 전통을 가장 중요히 여겨 제정해야 한다며 이른바 개인주의적이고 서구지향적인 남녀평등의 가치를 경계하였다. 이에 최초의 가족법은 남녀평등의 이념과는 거리가 먼 관습 존중론에 입각하여 전통적인 관습과 미풍양속을 지킨다는 뜻에서 남성 우위의 불평등한 법률 조항을 존속시켜 후에 전개된 가족법 개정운동의 불씨를 제공하였다.

당시에도 여성문제연구원과 대한 YWCA는 민법에 서구적인 남녀평등의 가치가 반영되지 못한 점을 지적하면서 차별조항 철폐를 위한 진정서를 제출하기도 하였다. 나아가 이들은 다른 여성단체들과 연대하여 여성의 법적지위 향상위원회를 조직하여 여론의 형성과 의식계몽에 힘썼다.

국회가 작성한 '법사위요강'은 각각의 사항마다 현행법과 관습법을 포함하여 판례, 학설, 입법례, 그리고 요강으로 채택하는 이유를 제시하고, 국내 입법의견으로 여성단체연합의 의견도 명시하였다. 또한 법사위요강에는 혁신적인 내용이 포함되었다. 이는 친족범위의 축소, 남녀 구별 없는 자유분가제, 동성동본불혼제 철폐, 처의 행위능력 인정, 이성양자제와 서양자제의 도입, 항렬 무관無關의 양자 인정, 호주상속과 재산상속의 분리, 여자에 대한 상속 인정과 같은 것들이었다. 즉, 친족편에서는 종래에 금지되었던 양자제도를 법적으로 인정하도록 규정하여 남녀를 막론하고 성을 변경하지 않고서도 양자가 될 수 있게 하고 서양자婿養子 제도도 도입하였다. 또한 상속편에 있어서 여성계의 요청에 의하여 여자에게도 상속권을 부여하기로 하고, 특히 출가한 여자에게도 남자가 상속받을 수 있는 상속액의 반을 받을 수 있게 한 것 등은 상당히 혁신적인 내용이었다. 더욱이 종래에 허용되지 않았던 동성동본 결혼을 허용하되 고래古來의 풍습에 비추어 근친결혼만은 금지하도록 하고, 부모나 보호자의 동의를 필요로 하였던 성년자의 결혼은 당사자의 동의로써만 할 수 있게 규정하였다.

민법안 심의소위원회 위원장인 장경근張暻根은 친족상속편의 입법 방침에 대해 다음과 같이 설명하였다.

> 친족상속법은 그 민족의 전통적 윤리관에서 오는 고유의 풍속, 문화, 관습 등과 그 사회의 현실적 경제생활로부터 너무 유리되면 법의 시행력이 무력화하여지는 것입니다. 그러나 법은 동시에 당위를 의미하는 것이므로 현실에만 기초를 둘 것이 아니라 어느 정도 일보 사회에 앞서야 할 것입니다. … 봉쇄적 가내경제시대 봉건시대로부터 지금 자본주의 분업시대로의 이행에 따라서 친족 공동생활체가 생산 주체인 대단체로부터 소비의 주체인 소단체 또 민주주의 발전과 동시에 개인의 예속으로부터 개인의 각성이 발전한 현실에 뒤떨어진 사실을 부정할 수 없습니다. … 보수적인 견해를 가진 측과 혁신적인 견해를 가진 측에서 모두 절충적인 이 심의 결과에 대해서 불만을 표시하고 반

서양자(壻養子) 제도

사위를 양자로 삼는 것을 법적으로 인정하는 제도를 말하며, 양자와 같이 양부모와의 사이에 양친자 관계가 형성된다. 서양자는 혼인관계의 발생이나 소멸에 따라 양친자 관계가 발생하고 소멸된다는 점에서 양자와는 차이가 있다.

대가 있을 줄 믿습니다.

정광현(1967), 《친족상속법 입법 자료》

민법안 심의소위원회의 이러한 입장은 1957년 4월 7일에 있었던 민법안 공청회에서 장경근 위원장이 종래의 가족제도 유지를 역설한 데서 잘 나타났다. 그는 "남녀평등을 완전히 하자면 … 가족제도는 파괴되고 말 것"이라고 우려를 나타내면서 "다소간 점진적 개혁"으로 나가는 것이 이상적이라는 논리를 폈다. 또한 동성동본 혼인 허용의 문제에 대해서는 "신라나 고려시대에는 동성 간의 결혼이 많이 있었다"며 우리의 과거 역사에서 그 자취를 찾을 수 있다며 정당함을 주장하였다. 그러면서도 법률에서 "(동성동본불혼을) 금지하지 않는다 … 해도 나쁘다고 하면 하지 않는 것이 좋기 때문에 개인적으로 동성 간 혼인을 하지 않는 것이 좋다"는 견해를 밝히기도 했다. 이외에 재산상속에 있어서는 출가한 딸에 대해 상속을 인정하기는 하였으나, 남편이 생계를 부담하므로 상속분의 차별을 두는 것은 당연하다고 보았다.[39]

국회 법제사법위원회 민법안 심의소위원회는 공청회가 끝난 뒤에, 민법안 친족편에 대한 예비심사에 착수하여 대체로 원안을 그대로 통과시켰다. 다만, 동성동본 친족 간의 혼인 금지 여부에 대해서는 최종적으로 친족의 범위를 8촌으로 한정하고, 8

촌 간의 결혼은 금지하고 8촌 이상의 원친遠親 간은 결혼해도 무방하다는 내용으로 법조문이 수정되었다.[40] 즉, 동성동본불혼제 폐지는 거부된 것이다. 이후 동성동본 혼인 허용의 문제는 친족상속편의 제정과정에서 최대의 쟁점이 되었다.

1957년 국회에서 통과된 가족법은 호주제도를 폐지하는 대신에 실현성이 희박한 입부혼入夫婚을 제정하는 등 보수적인 성격을 띠었다.

> 신 민법은 특히 신분법에 있어서 우리 헌법의 대원칙인 개인존중과 남녀평등을 중심으로 하는 반면에 이조 오백년래의 구 관습에 대폭적인 개혁을 단행하였다는 것은 특기할 만한 사실이라 하겠다 … 원래 가족제도가 성행하였던 시대에 있어서는 처가 혼인 전부터 소유해온 총 재산과 혼인 중 취득한 재산은 당연히 호주 또는 호주인 남편의 재산으로 인정되어 특별히 처의 재산 소유가 인정되지 않았었다.
>
> 이태준(1960), "아내의 재산은 아내 뜻대로", 《여원》 1960년 1월호

1958년 2월 22일 발표되어 1960년 1월 1일부터 시행된 제정 민법이 제한된 성격에도 불구하고 구舊 민법과 비교하여 주목된 점은 처의 지위 향상에 대한 것이었다. 즉 조선민사령에 의해 도입된 처의 무능력제를 폐지하고 부부별산제를 인정하

여 부부가 혼인 성립 전의 재산에 대하여 따로 약정을 할 수 있도록 하였다. 종래에는 처의 특유재산에 대해서도 남편이 관리, 사용, 수익하게 했던 것을 부부별산제를 취하면서 아내가 독자적으로 처리할 수 있도록 인정한 것이다.

이와 같이 1958년 공포 시행된 민법의 친족상속권이 만들어지기까지는 우여곡절이 많았다. 법전편찬위원회의 친족상속편 기초위원은 장경근 의원이었고 의장은 김병로였다. 당시 여성단체연합회 대표들은 법전편찬위원회 의장인 김병로에게 남녀평등의 헌법이념에 따라 구습을 타파할 것을 건의하는 의견서를 제출하였다. 한편 최찬익崔燦翊은 동성동본 간의 혼인금지 규정의 필요성을 주장하였다. 결과적으로 여성단체의 건의는 대부분 채택되지 못하였고, 가족법은 민주주의 이념과 타협할 수 없는 가부장제도를 완전히 불식하지 못함으로써 혼인, 이혼, 상속 등 여러 관련 조항에서 인간의 존엄성과 양성평등에 반하는 규정을 많이 포함하였다. 이에 민법 제정 후인 1962년 여성문제연구소 외 6개 단체는 국가재건최고회의에 가족법 개정을 촉구하는 건의사항을 제출하였다.

그러나 1958년 공포된 민법은 가족편에서 재판상 이혼원인을 과거의 '처의 간통' 대신에 '배우자의 부정행위가 있었을 때'로 남녀가 같게 하였고, 부모가 공동으로 친권을 행사할 수 있도록 하였다. 또한 상속법에서 여자에게 일정한 경우 호주상속권을 인정하고 결혼 안 한 딸의 상속분을 아들과 같이 하는 등 아들과 딸을 평등하게 대하려고 노력하였다.

1954년부터 1957년까지 제3대 국회의 여성의원으로서 김철안이 심혈을 기울였고, 또한 성과가 있었던 것은 첫째로, 세제의 부당성을 지적하고 국민 부담의 경감을 강조하여 이에 대한 개정을 추진한 점이다. 두 번째로, 그녀는 사회보건분과 위원장으로서 마약법과 보건소법을 제정하고 군경원호법을 개정하도록 하였으며, 무의촌을 없애기 위한 국민건강 관련 입법활동을 하였다.[31]

그러나 이러한 활동에도 불구하고, 민법안 통과 과정에서 여권신장을 호소하는 여성단체 대표 다수가 국회에 건의서를 제출하고 투쟁을 전개하였을 때, 유일한 여성 대변인인 그녀가 본회의에서 동성동본 혼인의 부당성을 지적하고 서자입적庶子入籍 문제 등에 대하여 반대한 것은 아쉬움으로 남는다.

1958년 2월 공포된 신新 민법안의 제정을 논의하는 데 있어 여성의 지위와 관련하여 가장 중요하게 언급되어야 하는 것은 처의 무능력 규정의 폐지이다. 정부 초안은 일제강점기부터 규정되어온 이 규정을 폐지함으로써 부부 간의 평등한 능력을 인정하였다. 법사위 수정안에는 처의 행위능력을 인정하나 신체의 기속을 받을 계약 또는 영업을 함에는 남편의 동의를 요한다는 단서 조항이 있었으나, 신 민법에서는 정부 초안을 받아들여 무능력 규정 자체를 폐지하였다.

1958년 2월 22일, 신 민법에 대한 공포식이 열렸다. 신 민법은 대체로 구 관습에 대해 점진적인 개혁을 시도하는 형태로 제정되었다. 즉, 종법제에 따라 형성된 전통적인 가족제도의 골격인 가계계승에 있어서의 남계혈통주의와 동성동본불혼의 두 원칙을 유지하면서, 여기에 여성의 지위 향상을 도모하는 평등적인 요소를 받아들였다. 예를 들어 부부별산제, 입부혼의 인정, 협의이혼제도 실시, 여자의 분가 인정, 이성입양의 허용, 남자가 없는 경우 여자의 호주상속 허용, 처 및 여자의 유산상속에의 참여 등을 그러한 요소로 들 수 있다.

조항	정부안(1954. 10)	법사위 수정안(1956. 9)	신 민법(1958. 2)
동성동본 금혼	동성동본의 혼인은 촌수 여하를 막론하고 금지 (단, 동성동본이라도 조상이 동일하지 않은 자는 혼인 가능)	금혼의 범위: 직계혈족과 직계인족, 8촌 이내의 방계부계혈족, 4촌 이내의 모계혈족, 8촌 이내의 부계인족	동성동본의 혼인은 촌수 여하를 막론하고 금지 금혼의 범위: 8촌 이내 조상의 계통이 분명하지 않은 경우를 삭제 본이 같으면 혼인 금지, 그 범위 확대
혼인신고 규정	혼인은 호적법의 정하는 바에 의하여 신고함으로써 효력 발생	정부안과 동일	혼인은 호적법의 정하는 바에 의하여 신고함으로써 효력 발생
부부 간의 특유재산과 귀속불분명 재산	부부 일방의 혼인 전 고유재산과 혼인 중 자기의 명의로 취득한 재산은 각 특유재산으로 함 단 귀속이 불분명한 재산은 부의 특유재산으로 함	정부안에 대해 내용 변경이 없는 자구 수정안 제출	부부재산제 인정, 처의 자유의사 존중 이혼배우자의 재산분여청구권 불인정
친권자 규정	친권을 행사하는 부는 미성년자인 자녀의 법정대리인이 됨 부가 사망하거나 기타 이유로 친권을 행사할 수 없을 때 모가 자녀의 법정대리인이 됨	친권을 행사하는 부 또는 모는 미성년자인 자녀의 법정대리인이 됨 부가 사망하거나 기타 이유로 친권을 행사할 수 없을 때 모가 자녀의 법정대리인이 됨	법사위안 채택. 1차로는 부가 친권 소유, 2차로는 모가 소유
혼인에 대한 부모 동의 연령 규정	남자 18세, 여자 16세에 달한 때에는 법정대리인의 동의를 얻어 혼인 가능	법정대리인을 부모 또는 후견인이라 수정 혼인연령은 정부안과 동일, 성년자는 부모 동의 불필요. 단 미성년자의 경우만 부모 동의 필요	성인이면 자유로 결혼, 단 남자 27세, 여자 23세 미만인 경우 부모의 동의를 얻어야 하며 부모 중 일방이 동의권을 행사할 수 없을 때에는 다른 일방의 동의를 얻어야 함
혼인 외의 자의 입적	가족이 혼인 외의 자를 출생한 때에는 호주의 동의를 얻어 그 가에 입적할 수 있음	정부안에서 "호주의 동의를 얻어"를 삭제	법사위안 통과 가족이 혼인 외의 자를 출생한 때에는 그 가에 입적할 수 있음

자료: 정광현(1967), 《한국의 가족법 연구》 부록편, 친족상속법 입법자료; 정현주(2004), "대한민국 제1공화국의 여성정책 연구", 이화여자대학교 박사학위논문, 151쪽.

표 4 혼인관련 조항에 대한 각 안의 비교

나가는 말

1945년 8월의 해방과 1948년의 대한민국 정부 수립은 한국인들에게 모든 억압으로부터 벗어날 '기회'이자 '새로운' 세계를 접할 수 있다는 '희망'을 의미하였다. 한국인들은 그 희망을 이루기 위해 모든 것에 적극적이었다. 당시 해방공간의 여성들은 "민족이 해방을 맞이하게 되니 이중 삼중으로 압박을 당하였던 우리 여성들도 이제는 당당한 자유국민의 일원으로 신생국가를 건설함에 있어서 나라에 공헌하려면 정당조직이 급선무"라고 주장하며 여성 중심의 정당인 대한여자국민당을 창당하거나 비슷한 성격을 가진 단체들을 규합하여 분산된 힘들을 모으기 위해 총 여성단체인 대한부인회를 조직하기도 하였다.[1]

당시 여성단체들은 일제 식민유산의 청산과 새로운 국가건설 참여를 독려하며 '여성의 사명使命'을 유난히 강조하였다. 이것이 여성들의 새로운 국가건설 참여 및 지지 등을 독려하기 위한 '계몽'의 성격이 강하게 나타나는 지점이라고 할 수 있다. 그리고 한국여성들은 새로운 국가 수립과정에서 '독립국가 건설'과 '여성권익 향상'을 위해 자신들의 역량을 모아 정치·사회적인 활동을 확대해나갔다.

한국여성들은 그러한 정치·사회활동을 전개하며 독립국가에서는 자주권을 확보하고 자유롭게 권리들을 보장받을 수 있으며, 이로 인해 여성권익은 자연스럽게 향상되고 실현될 것이라 믿었다. 때문에 해방 직후 여성들의 정치·사회적 운동은 새로운 시대적 분위기와 맞물려 적극적으로 진행되었다. 그러나 남성들의 공간이라 여겨졌던 제도권 정치 영역으로의 여성 진출은 결코 쉽지 않았으며, 매우 극소수에 한정되었다.

박승호, 황현숙, 박현숙, 신의경은 미군정기 비록 관선의원이지만 입법의원으로 임명되어 최초로 공식적인 정치영역으로 진출하였다. 이후 제헌국회에서 제4대 국회, 즉 제1공화국 시기가 끝나는 1960년까지 여성의원들은 1석에서 많게는 3석을 차지하였다. 그러나 이 의석은 언제나 여성들의 기대에 미치지 못했으며, 국회에 진입한 여성의원들은 나름대로 한계가 있었지만 여성권익을 위한 입법활동을 전개하고자 하였다.

한국여성의 법적 지위는 대한민국 정부가 수립된 이후 그 속도는 더뎠지만 점차 향상되었다. 1953년에 제정된 '근로기준법'은 남녀균등대우를 기본원칙으로 하였고, 여성근로자에 대한 특별한 보호규정을 두었다. 1958년의 신 민법에서는 혼인에 대한 호주의 간섭을 인정하지 않고 일제강점기부터 내려오던 처의 무능력제도를 폐지함으로써 여성은 실질적으로 독립된 존재로서 인정받고 권리를 행사하게 되었다. 그리고 경제권에 있어서도 남편에게 처의 재산관리권이 있던 것을 부부가 별도의 관리권을 갖는 것으로 개정하여 여성의 독립된 경제권을 인정하였다. 뿐만 아니라 이혼사유에서도 부부가 평등하게 되어 여성도 남편의 부정행위를 이유로 이혼소송을 제기할 수 있게 되었다. 그 외에도 여전히 해결해야 할 문제는 산적해 있었지만, 여성에게 재산 및 호주상속권이 부여됨으로써 분가의 자유 및 양친양녀가 될 수 있는 권리가 부여되었다.

이와 같이 해방 직후, 대한민국 정부 수립부터 1960년까지의 시기는 옛것과 새것이 공존하던 시기이다. 이 시기 여성의 정치활동이나 입법활동은 여성에게 불리했던 기존의 법이나 의식 등의 '장애'를 걷어내는 것에서부터 시작했다고 해도 과언이 아니다. 그리고 이러한 장애들을 제거하며 한국여성들은 국가건설의 일원으로, 대한민국의 국민으로 활약하며 한국사 발전에 궤적들을 남겼다.

주

들어가는 말

1 정무장관 제2실(1995), 《한국여성발전 50년》, 정문사, 3~4쪽.

2 전경옥·유숙란·김은실·신희선(2005), 《한국여성정치사회사 2》, 숙명여자대학교 출판부, 28쪽.

1장. 여성 정치 '현장'의 풍경

1 해방 직전 남북한을 합한 총 인구 수는 2,512만 174명으로, 이 가운데 여자가 50.2%를 차지하였다. 1947년 남한 인구는 1,700만 187명이었으며, 이 중 여자의 비율이 47.9%이다. 대한민국 공보처(1952), 《대한민국통계연감》.

2 황기성(1950), "3·1운동과 여성해방", 《부인경향》 1950년 3월호.

3 《매일신보》, 1945년 9월 14일.

4 《매일신보》, 1945년 9월 13일; 《여성문화》 창간호, 1945년 12월.

5 박순천 등의 탈퇴로 좌익계만 남은 건국부녀동맹은 남대문 밖에 사무실을 열고 유영준을 위원장으로 하는 조선부녀총동맹(朝鮮婦女總同盟)으로 재창립되었다. 중앙여자고등학교 동창회 편(1972), 《우리 황신덕 선생》, 116쪽.

6 《조선일보》, 1946년 1월 19일.

7 《동아일보》, 1946년 4월 6일.

8 "하지 중장이 국무장관에게"(1946년 3월 20일), 김국태 역(1984), 《해방 3년과 미국》 1권, 돌베개, 244~246쪽.

9 《동아일보》, 1946년 6월 19일.

10 《서울신문》, 1946년 6월 19일.

11 《조선일보》, 1946년 6월 21일.

12 《한성일보》, 1946년 6월 23일.

13 문경란(1989), "미군정기 한국여성운동에 관한 연구", 이화여자대학교 석사학위논문, 71쪽.

14 임영신(1946), "민주주의 국가의 가정생활과 사회생활", 《아미리가회보》 창간호, 1946년 9월, 40쪽; 박인덕(1946), "민주주의와 조선여성", 《아미리가회보》 창간호, 1946년 9월, 39~40쪽.

15 문경란(1989), "미군정기 한국여성운동에 관한 연구", 이화여자대학교 석사학위논문, 80쪽.

16 한국부인회 총본부(1986), 《한국여성운동약사》, 한밤의 소리사, 167쪽.

17 대한부인회(1958), 《대한부인회회보》, 창간호, 1958년 7월 20일, 28쪽.

18 최은희(1980), 《여성전진 70년: 초대여기자의 회고》, 중앙출판인쇄공사, 281쪽.

19 한국부인회 총본부(1986), 《한국여성운동약사》, 한밤의 소리사, 99쪽.

20 최은희(1980), 《여성전진 70년: 초대여기자의 회고》, 중앙출판인쇄공사, 281쪽.

21 《매일신보》, 1945년 9월 14일.

22 최은희(1980), 《여성전진 70년: 초대여기자의 회고》, 중앙출판인쇄공사, 280쪽.

23 "대방국방부녀회 창립취지서", 《경향신문》, 1953년 9월 3일.

24 《동아일보》, 1946년 11월 15일.

25 《남조선과도입법의원 속기록》 제16호, 1947년 1월 20일.

26 《조선일보》, 1946년 6월 16일.

27 HQ HUSAFIK, G-2 Weekly Summary No. 135, 1948. 5, 188~189쪽.

28 최은희(1980), 《여성전진 70년: 초대여기자의 회고》, 중앙출판인쇄공사, 360쪽.

29 최은희(1980), 《여성전진 70년: 초대여기자의 회고》, 중앙출판인쇄공사, 313~315쪽.

30 《경향신문》, 1947년 5월 28일.

31 최은희(1980), 《여성전진 70년: 초대여기자의 회고》, 중앙출판인쇄공사, 318~817쪽.

32 한국법제연구회(1971), 《미군정법령집》, 여강출판사, 309쪽.

33 고황경(1947), "부녀국 설치에 대하여", 《새살림》, 1947년 1월호, 7~9쪽.

34 "지방대표자 강습회", 《새살림》, 1947년 12월호, 22쪽.

35 《조선일보》, 1946년 8월 29일.

36 변희남(1986), 《부녀행정 40년사》, 보건사회부.

37 보건사회부(1987), 《부녀행정 40년사》, 55쪽.

38 보건후생부 부녀국(1948), 《새살림》, 1948년 5, 6월호, 33쪽.

39 김용련(1948), "드듸여 부녀계는 탄생하였다", 《새살림》, 1~2권, 50~52쪽.

40 이배용 외(1996), "한국여성사 정립을 위한 여성인물 유형연구 Ⅳ 1945~1948년", 《여성학논집》 제13집, 18쪽.

41 보건사회부(1987), 《부녀행정 40년사》, 56쪽.

2장. 여성 국회의원의 탄생과 활동

1 군정청법령 제118호, 1946년 8월 24일.

2 《동아일보》, 1946년 11월 14일.

3 박정숙(1947), "입법의원에 대한 부인의 대망", 《새살림》 창간호, 1947년 1월, 22~23쪽.

4 "입법의원 관선의원 선임서와 성명서 발표", 《동아일보》, 《조선일보》, 《경향신문》, 1946년 12월 8일.

5 황애덕(1947), "전국여성단체총연맹에 대하여", 《새살림》 창간호, 1947년 1월.

6 《조선일보》, 1947년 4월 27일.

7 《조선일보》, 1946년 11월 3일.

8 《동아일보》, 1947년 3월 31일.

9 《경향신문》, 1947년 5월 9일.

10 《조선일보》, 1947년 5월 11일.

11 《남조선과도입법의원 속기록》 제41호, 1947년 3월 25일.

12 《남조선과도입법의원 속기록》 제73호, 1947년 5월 15일.

13 박승호(1947), "입법의원 한 모퉁이에서", 《새살림》 1권 5호, 8·9월호.

14 박승호(1947), "입법의원 한 모퉁이에서", 《새살림》 1권 5호, 8·9월호, 10~13쪽.

15 황신덕(1947), "선거법과 부인", 《새살림》 1권 5호, 8·9월호, 14쪽.

16 《남조선과도입법의원 속기록》 제132호, 1947년 8월 12일.

17 《경향신문》, 1948년 3월 18일.

18 《부인신보》, 1948년 5월 4일.

19 《부인신보》, 1948년 5월 4일.

20 《부인신보》, 1948년 4월 2일, 4월 3일.

21 《부인신보》, 1948년 5월 14일, 5월 15일.

22 "대통령에게 직간함", 《경향신문》, 1948년 8월 7일.

23 "제1회 국회 본회의에서 임영신 상공부장관 시정방침 보고", 《제1회 국회 속기록 제83호》, 512~515쪽.

24 "상공부, 귀속사업지령 20호 공포로 생산책임제 확립과 증산촉진 상여금 제도를 실시", 《서울신문》, 1948년 11월 14일.

25 《시정월보》 3호(1949년), 44~46쪽.

26 《연합신문》, 1950년 6월 19일.

27 《연합신문》, 1950년 5월 31일.

28 유각경(1950), "여성과 정치", 《부인경향》 1950년 5월호, 18~19쪽.

29 유각경(1950), “여성과 정치”, 《부인경향》 1950년 5월호, 19~20쪽.
30 임종국(1991), 《실록 친일파》, 돌베개.
31 《민중일보》, 1948년 5월 8일.
32 박순천(1974), “나의 이력서 22 - 여성감찰위원”, 《한국일보》, 1974년 12월 11일.
33 《서울신문》, 1950년 6월 21일.
34 《경향신문》, 1954년 5월 20일.
35 《동아일보》, 1954년 5월 23일.
36 최은희(1980), 《여성전진 70년: 초대 여기자의 회고》, 중앙출판인쇄공사, 323쪽.
37 한국부인회 총본부(1986), 《한국여성운동약사》, 한밤의 소리사.
38 《경향신문》, 1954년 5월 30일.
39 《조선일보》, 1956년 12월 10일.

3장. 여성권익 향상을 위한 법률 제정활동

1 전경옥 외(2005), 《한국여성정치사회사 2》, 숙명여자대학교 출판부, 354쪽.
2 영운(1948), “부인대의사는 누가 되나”, 《새살림》 1권, 7쪽.
3 김엘림(1991), 《개정가족법과 가족법 개정운동에 관한 연구》, 한국여성개발원, 4쪽.
4 한국법제연구회(1971), 《미군정법령집》, 여강출판사.
5 《서울신문》, 1946년 3월 6일.
6 《서울신문》, 1947년 3월 27일.
7 《서울신문》, 1947년 5월 4일.
8 《남조선과도입법의원 속기록》 제130호, 1947년 8월 8일.
9 군정청법률 제7호, 1947년 11월 14일.
10 《부인신보》, 1947년 12월 6일.

11 《경향신문》, 1948년 1월 22일.

12 《경향신문》, 1948년 2월 7일.

13 《경향신문》, 1948년 2월 14일.

14 건국부녀동맹 선언, 강령 전단, 1945년 9월 15일.

15 《남조선과도입법위원 속기록》 제16호, 1947년 1월 20일; 《조선일보》, 1947년 3월 30일.

16 대통령령 제4호, "법전편찬위원회 직제", 《관보》 제4호, 1948년 9월 15일.

17 《경향신문》, 1948년 9월 19일.

18 《경향신문》, 1949년 3월 19일.

19 《서울신문》, 1949년 12월 7일.

20 《동아일보》, 1953년 2월 3일.

21 《경향신문》, 1953년 4월 15일.

22 한국부인회 총본부(1986), 《한국여성운동약사》, 한밤의 소리사, 80쪽.

23 《경향신문》, 1949년 7월 29일.

24 《경향신문》, 1949년 10월 28일.

25 《연합신문》, 1950년 6월 24일.

26 《국도신문》, 1949년 11월 21일.

27 《경향신문》, 1949년 3월 19일.

28 《국도신문》, 1949년 11월 17일.

29 《서울신문》, 1949년 11월 17일.

30 《서울신문》, 1949년 11월 19일.

31 박영환, "여성해방과 간통죄 철폐에 대한 소고", 《자유민보》, 1949. 12.4일.

32 "간통죄, 남녀평등을 보장한 헌법정신 위배 여부로 논란", 《동아일보》, 1953년 1월 2일.

33 《조선일보》, 1953년 7월 5일.

34 한국부인회 총본부(1986), 《한국여성운동약사》, 한밤의 소리사, 87쪽.

35 정현주(2004), "대한민국 제1공화국의 여성정책 연구", 이화여자대학교 박사학위논문, 134쪽.

36 변희남(1986),《부녀행정 40년사》, 보건사회부, 351쪽.

37 《경향신문》, 1953년 3월 25일;《연합신문》, 1953년 4월 13일.

38 《경향신문》, 1953년 7월 7일.

39 국회사무처(1957),《국회속기록》제29호, 1957년 11월 5일.

40 《조선일보》, 1957년 9월 12일.

나가는 말

1 최은희(1980),《여성전진 70년: 초대여기자의 회고》, 중앙출판인쇄공사, 280쪽.

참고문헌

국가보훈처(1997), 《대한민국독립유공인물록》.

국사편찬위원회(1967), 《한국독립운동사》 3권.

권영자(1994), "한국의 여성정책에 관한 연구", 성신여자대학교 박사학위논문.

김종범 · 김동운(1945), 《해방전후의 조선진상》, 조선정경연구사.

김철안(1956), "내가 걸어온 의회생활", 《국회보》 9권, 1956년 12월, 국회사무처.

______(1957), "보건행정과 국민위생", 《국회보》 14권, 1957년 10월, 국회사무처.

독립운동사편찬위원회(1978), 《독립운동사》 10권.

문경란(1989), "미군정기 한국여성운동에 관한 연구", 이화여자대학교 석사학위논문.

박순천(1974), "정치여성반세기", 《중앙일보》, 1974년 2월 25일~1974년 4월 18일.

______(1974), "나의 이력서", 《한국일보》, 1974년 11월 14일~1975년 1월 18일.

박찬길(1968), 《심은대로 — 청해 박현숙 선생이 걸어온 길》, 숭의여자중 · 고등학교.

변희남(1986), 《부녀행정40년사》, 보건사회부.

손봉숙(1991), 《한국여성국회의원 연구》, 한국여성정치연구소.

손충무(1972), 《한강은 흐른다》, 동아출판사.

신영숙(2000), "해방 이후 1950년대의 여성단체와 여성운동", 《여성연구논총》 제15집.

이배용(1996), “미군정기 여성생활의 변모와 여성의식”, 《역사학보》 150집.
이승희(1994), 《한국여성운동사》, 백산서당.
이태영(1992), 《가족법 개정운동 37년사》, 한국가정법률상담소출판부.
정무장관 제2실(1996), 《한국여성발전 50년》, 정문사.
정현주(2004), “대한민국 제1공화국의 여성정책 연구”, 이화여자대학교 박사학위논문.
중앙대학교 50주년 기념사업회(1968), 《임영신 박사 연설문집》, 중대출판부.
중앙여자고등학교 동창회 편(1972), 《우리 황신덕 선생》.
최은희(1980), 《여성전진 70년: 초대여기자의 회고》, 중앙출판인쇄공사.
최정순(2007), “박순천 정치리더십 연구”, 국민대학교 박사학위논문.
한국법제연구회(1971), 《미군정법령집》, 여강출판사.
한국부인회 총본부(1986), 《한국여성운동약사》, 한밤의 소리사.
한국여성개발원(1998), 《한국역사속의 여성인물》 하권.
황석준 편(1982), 《역대국회의원총람》, 을지사.
황정미(2002), “해방 후 초기 국가기구 형성과 여성(1946~1960) — 부녀국을 중심으로”, 《한국학보》 28권 4호.
3·1여성동지회(1980), 《한국여성독립운동사》.

부록

신 민법 친족상속편 주요항목(1958)

1958년 제정된 신 민법은 해방 이후 여성들이 추진한 가족법개정운동의 성과라 할 수 있다. 2014년 현재 가족법의 기본 골격을 이루고 있는 1958년 신 민법 제4절 친족편과 제5절 상속편의 주요항목을 발췌 소개한다.

제4편 친족

제1장 총칙

제767조 [친족의 정의] 배우자, 혈족 및 인척을 친족으로 한다.

제768조 [혈족의 정의] 자기의 직계존속과 직계비속을 직계혈족이라 하고 자기의 형제자매와 형제의 직계비속, 직계존속의 형제자매 및 그 형제의 직계비속을 방계혈족이라 한다.

제769조 [인척의 계원] 혈족의 배우자, 혈족의 배우자의 혈족, 배우자의 혈족, 배우자의 혈족의 배우자를 인척으로 한다.

제770조 [혈족의 촌수의 계산] ① 직계혈족은 자기로부터 직계존속에 이르고 자기로부터 직계비속에 이르러 그 세수를 정한다.

② 방계혈족은 자기로부터 동원의 직계존속에 이르는 세수와 그 동원의 직계존속으로부터 그 직계비속에 이르는 세수를 통산하여 그 촌수를 정한다.

제771조 [인척의 촌수의 계산] 인척은 배우자의 혈족에 대하여 배우자의 그 혈족에 대한 촌수에 따르고 혈족의 배우자에 대하여는 그 혈족에 대한 촌수와 같으며 혈족녀의 직계비속에 대하여는 자기의 그 혈족에 대한 촌수와 그 혈족으로부터 그 직계비속에 이르는 세수를 통산하여 그 촌수를 정한다.

제772조 [양자와의 친계와 촌수] ① 양자와 양부모 및 그 혈족, 인척 사이의 친계와 촌수는 입양한 때로부터 혼인 중의 출생자와 동일한 것으로 본다.

② 양자의 배우자, 직계비속과 그 배우자는 전항의 양자의 친계를 기준으로 하여 촌수를 정한다.

제773조 [계모자관계로 인한 친계와 촌수] 전처의 출생자와 계모 및 그 혈족, 인척 사이의 친계와 촌수는 출생자와 동일한 것으로 본다.

제774조 [혼인 외의 출생자와 그 친계, 촌수] 혼인 외의 출생자와 부의 배우자 및 그 혈족, 인척 사이의 친계와 촌수는 그 배우자의 출생자와 동일한 것으로 본다.

제775조 [인척관계 등의 소멸] ① 인척관계와 전2조의 친족관계는 혼인의 취소 또는 이혼으로 인하여 종료한다.

② 부가 사망한 경우에 처가 친가에 복적하거나 재혼한 때에도 전항과 같다.

제776조 [입양으로 인한 친족관계의 소멸] 입양으로 인한 친족관계는 입양의 취소 또는 파양으로 인하여 종료한다.

제777조 [친족의 범위] 친족관계로 인한 법률상 효력은 본법 또는 다른 법률에 특별한 규정이 없는 한 다음 각호에 해당하는 자에 미친다.

1. 8촌 이내의 부계혈족
2. 4촌 이내의 모계혈족
3. 부의 8촌 이내의 부계혈족
4. 모의 4촌 이내의 모계혈족
5. 처의 부모
6. 배우자

제2장 호주와 가족

제778조 [호주의 정의] 일가의 계통을 계승한 자, 분가한 자 또는 기타 사유로 인하여 일가를 창립하거나 부흥한 자는 호주가 된다.

제779조 [가족의 범위] 호주의 배우자, 혈족과 그 배우자 기타 본법의 규정에

의하여 그 가에 입적한 자는 가족이 된다.

제780조 [호주의 변경과 가족] 호주의 변경이 있는 경우에는 전 호주의 가족은 신호주의 가족이 된다.

제781조 [자의 입적, 성과 본] ① 자는 부의 성과 본을 따르고 부가에 입적한다. ② 부를 알 수 없는 자는 모의 성과 본을 따르고 모가에 입적한다. ③ 부모를 알 수 없는 자는 법원의 허가를 얻어 성과 본을 창설하고 일가를 창립한다. 그러나 성과 본을 창설한 후 부 또는 모를 알게 된 때에는 부 또는 모의 성과 본을 따른다.

제782조 [혼인 외의 자의 입적] ① 가족이 혼인 외의 자를 출생한 때에는 그 가에 입적하게 할 수 있다. ②혼인 외의 출생자가 부가에 입적할 수 없는 때에는 모가에 입적할 수 있고 모가에 입적할 수 없는 때에는 일가를 창립한다.

제783조 [양자와 그 배우자 등의 입적] 양자와 배우자, 직계비속과 그 배우자는 양가와 함께 양가에 입적한다.

제784조 [부의 혈족 아닌 처의 직계비속의 입적] ① 처가 부의 혈족 아닌 직계비속이 있는 때에는 부가의 호주와 부의 동의를 얻어 그 가에 입적하게 할 수 있다.

② 전항의 경우에 그 직계비속이 타가의 가족인 때에는 그 호주의 동의를 얻어야 한다.

제785조 [호주의 직계혈족의 입적] 호주는 타가의 호주 아닌 자기의 직계존속이나 직계비속을 그 가에 입적하게 할 수 있다.

제786조 [양자와 그 배우자 등의 복적] ① 양자와 그 배우자, 직계비속 및 그 배우자는 입양의 취소 또는 파양으로 인하여 그 생가에 복적한다. ② 전항의 경우에 그 생가가 폐가 또는 무후된 때에는 생가를 부흥하거나 일가를 창립할 수 있다.

제787조 [처 등의 복적과 일가 창립] ① 처와 부의 혈족 아닌 그 직계비속은

혼인의 취소 또는 이혼으로 인하여 그 친가에 복적한다.

② 부가 사망한 경우에는 처와 부의 혈족 아닌 그 직계비속은 그 친가에 복적할 수 있다.

③ 전2항 경우에 그 친가가 폐가 또는 무후되었거나 기타 사유로 인하여 복적할 수 없는 때에 친가를 부흥하거나, 일가를 창립한다.

제788조 [분가] ① 가족은 분가할 수 있다. 그러나 호주의 직계비속장남자는 분가할 수 없다.

② 미성년자가 분가함에는 법정대리인의 동의를 얻어야 한다.

제789조 [강제분가] 호주는 직계존속 아닌 성년남자로서 독립의 생계를 할 수 있는 가족을 분가시킬 수 있다.

제790조 [호주의 직계비속장남자의 거가] 호주의 직계비속장남자는 본가상속과 직계존속에 수반하는 경우 이외에는 거가할 수 없다.

제791조 [분가호주와 그 가족] ① 분가호주의 배우자, 직계비속과 그 배우자는 그 분가에 입적한다.

② 본가호주의 혈족 아닌 분가호주의 직계존속은 분가에 입적할 수 있다.

제792조 [호주의 변경과 여호주] 여호주는 그 가의 계통을 계승할 남자가 입적한 때에는 호주의 변경으로 인하여 가족이 된다.

제793조 [호주의 입양과 폐가] 일가창립 또는 분가로 인하여 호주가 된 자는 타가에 입양하기 위하여 폐가할 수 있다.

제794조 [여호주의 혼인과 폐가] 여호주는 혼인하기 위하여 폐가할 수 있다.

제795조 [타가에 입적한 호주와 그 가족] ① 호주가 폐가하고 타가에 입적한 때에는 가족도 그 타가에 입적한다.

② 전항의 경우에 그 타가에 입적할 수 없는 가족은 일가를 창립한다.

제796조 [가족의 특유재산] ① 가족이 자기의 명의로 취득한 재산은 그 특유재산으로 한다.

② 호주 또는 가족의 누구에게 속한 것인지 분명하지 아니한 재산은 호주의 소유로 추정한다.

제797조 [호주의 부양의무] 호주는 그 가족에 대하여 부양의 의무가 있다.

제798조 [호주의 가족에 대한 거소지정] ① 성년자인 가족이 호주의 의사에 반하여 거소를 정한 때에는 호주는 그 지정한 장소에 귀환하기까지 부양의 의무가 없다.

② 호주가 가족의 거소를 정한 때에도 부 또는 친권자가 있는 가족의 거소는 제826조 또는 제914조의 규정에 의한다.

제799조 [호주의 사고와 그 직능대행] 호주가 질병 기타 사고로 인하여 그 직능을 행할 수 없는 때에는 본인이 그 대행자를 선임하고 본인이 선임할 수 없는 때에는 친족회가 이를 선임한다. 그러나 호주의 법정대리인이 있는 경우에는 그러하지 아니하다.

제3장 혼인

제1절 약혼

제800조 [약혼의 자유] 성년에 달한 자는 자유로 약혼할 수 있다.

제801조 [약혼연령] 남자 만 18세, 여자 만 16세에 달한 자는 부모 또는 후견인의 동의를 얻어 약혼할 수 있다. 이 경우에는 제808조의 규정을 준용한다.

제802조 [금치산자의 약혼] 금치산자는 부모 또는 후견인의 동의를 얻어 약혼할 수 있다. 이 경우에는 제808조 규정을 준용한다.

제803조 [약혼의 강제이행금지] 약혼은 강제이행을 청구하지 못한다.

제804호 [약혼해제의 사유] 당사자의 일방에 다음 각호의 사유가 있는 때에는 상대방은 약혼을 해제할 수 있다.

1. 약혼 후 자격정지 이상의 형의 선고를 받은 때

2. 약혼 후 금치산 또는 한정치산의 선고를 받은 때

3. 성병 폐병 기타 불치의 악질이 있는 때

4. 약혼 후 타인과 약혼 또는 혼인을 한 때

5. 약혼 후 타인과 간음한 때

6. 약혼 후 2년 이상 그 생사가 불명한 때

7. 정당한 이유 없이 혼인을 거절하거나 그 시기를 지연하는 때

8. 기타 중대한 사유가 있는 때

제805조 [약혼해제의 방법] 약혼의 해제는 상대방에 대한 의사표시로 한다. 그러나 상대방에 대하여 의사표시를 할 수 없는 때에는 그 해제의 원인 있음을 안 때에 해제된 것으로 본다.

제806조 [약혼해제와 손해배상청구권] ① 약혼을 해제한 때에는 당사자 일방은 과실 있는 상대방에 대하여 이로 인한 손해의 배상을 청구할 수 있다.

② 전항의 경우에는 재산상 손해 외에 정신상 고통에 대하여도 손해배상의 책임이 있다.

③ 정신상 고통에 대한 배상청구권은 양도 또는 승계하지 못한다. 그러나 당사자 간에 이미 그 배상에 관한 계약이 성립되거나 소를 제기한 후에는 그러하지 아니하다.

제2절 혼인의 성립

제807조 [혼인적령] 남자 만 18세, 여자 만 16세에 달한 때에는 혼인할 수 있다.

제808조 [동의를 요하는 혼인] ① 남자 만 27세, 여자 만 23세 미만인 자가 혼인할 때에는 부모의 동의를 얻어야 하며 부모 중 일방의 동의권을 행사할 수 없는 때에는 다른 일방의 동의를 얻어야 한다.

② 미성년자로서 혼인할 경우에 부모가 모두 동의권을 행사할 수 없

는 때에는 후견인의 동의를 얻어야 한다.

③ 금치산자는 부모 또는 후견인의 동의를 얻어 혼인할 수 있다.

④ 전2항의 경우에 부모 또는 후견인이 없거나 또는 동의할 수 없는 때에는 친족회의 동의를 얻어 혼인할 수 있다.

제809조 [동성혼 등의 금지] ① 동성동본인 혈족 사이에서는 혼인하지 못한다.

② 남계혈족의 배우자, 부의 혈족 및 기타 8촌 이내의 인척이거나 이러한 인척이었던 자 사이에서는 혼인하지 못한다.

제810조 [중혼의 금지] 배우자가 있는 자는 다시 혼인하지 못한다.

제811조 [재혼금지기간] 여자는 혼인관계의 종료한 날로부터 6월을 경과하지 아니하면 혼인하지 못한다. 그러나 혼인관계의 종료 후 해산한 때에는 그러하지 아니하다.

제812조 [혼인의 성립] ① 혼인은 호적법에 정한 바에 의하여 신고함으로써 그 효력이 생긴다.

② 전항의 신고는 당사자 쌍방과 성년자인 증인 2인의 연서한 서면으로 하여야 한다.

제813조 [혼인신고의 심사] 혼인의 신고는 그 혼인이 제807조 내지 제811조 및 전조 제2항의 규정 기타 법령에 위반함이 없는 때에는 이를 수리하여야 한다.

제814조 [외국에서의 혼인신고] ① 외국에 있는 본국민 사이의 혼인은 그 외국에 주재하는 대사, 공사 또는 영사에게 신고할 수 있다.

② 전항의 신고를 수리한 대사, 공사, 또는 영사는 지체없이 그 신고서류를 본국의 소관호적리에게 송부하여야 한다.

제3절 혼인의 무효와 취소

제815조 [혼인의 무효] 혼인은 다음 각호의 경우에는 무효로 한다.

1. 당사자 간에 혼인의 합의가 없는 때

2. 당사자 간에 직계혈족, 8촌 이내의 방계혈족 및 그 배우자인 친족관계가 있거나 또는 있었던 때

3. 당사자 간에 직계인척, 부의 8촌 이내의 혈족인 인척관계가 있거나 또는 있었던 때

第816条 [혼인취소의 사유] 혼인은 다음 각호의 경우에는 법원에 그 취소를 청구할 수 있다.

1. 혼인이 제808조 내지 제811조의 규정에 위반한 때

2. 혼인 당시 당사자 일방에 부부생활을 계속할 수 없는 악질 기타 중대한 사유 있음을 알지 못한 때

3. 사기 또는 강박으로 인하여 혼인의 의사표시를 한 때

第817条 [연령위반혼인 등의 취소청구권자] 혼인이 제807조, 제808조의 규정에 위반한 때에는 당사자 또는 그 법정대리인이 그 취소를 청구할 수 있고 제809조의 규정에 위반한 때에는 당사자, 그 직계존속 또는 8촌 이내의 방계혈족이 그 취소를 청구할 수 있다.

第818条 [중혼 등의 취소청구권자] 혼인이 제810조의 규정에 위반한 때에는 당사자 및 배우자, 직계존속, 8촌 이내의 방계혈족 또는 검사가 그 취소를 청구할 수 있고 제811조의 규정에 위반한 때에는 당사자 및 전 배우자 또는 그 직계존속이 그 취소를 청구할 수 있다.

第819条 [동의 없는 혼인의 취소청구권의 소멸] 제808조의 규정에 위반한 혼인은 그 당사자가 혼인연령에 달한 후 또는 금치산 선고의 취소 있은 후 3월을 경과하거나 혼인 중 포태한 때에는 그 취소를 청구하지 못한다.

第820条 [동성혼 등에 대한 취소청구권의 소멸] 제809조의 규정에 위반한 혼인은 그 당사자 간에 혼인 중 자를 출생한 때에는 그 취소를 청구하지 못한다.

第821条 [재혼금지기간위반혼인 취소청구권의 소멸] 제811조의 규정에 위반

한 혼인은 전 혼인관계의 종료한 날로부터 6월을 경과하거나 재혼 후 포태한 때에는 그 취소를 청구하지 못한다.

제4절 혼인의 효력

제1관 일반적 효력

제826조 [부부간의 의무] ① 부부는 동거하며 서로 부양하고 협조하여야 한다. 그러나 정당한 이유로 일시적으로 동거하지 아니하는 경우에는 서로 인용하여야 한다.

② 부부의 동거는 부의 주소나 거소에서 한다. 그러나 제3항 단서의 경우에는 처의 주소나 거소에서 한다.

③ 처는 부의 가에 입적한다. 그러나 처가 친가의 호주 또는 호주상속인인 때에는 부가 처의 가에 입적할 수 있다.

④ 전항단서의 경우에 부부간의 자는 모의 성과 본을 따르고 모의 가에 입적한다.

제827조 [부부간의 가사대리권] ① 부부의 일상의 가사에 관하여서 대리권이 있다.

② 전항의 대리권에 가한 제한은 선의의 제3자에게 대항하지 못한다.

제828조 [부부간의 계약의 취소] 부부간의 계약은 혼인 중 언제든지 부부의 일방이 이를 취소할 수 있다. 그러나 제3자의 권리는 해하지 못한다.

제2관 재산상 효력

제829조 [부부재산의 약정과 그 변경] ① 부부가 혼인성립 전에 그 재산에 관하여 따로 약정을 하지 아니한 때에는 그 재산관계는 본관 중 다음 각조에 정하는 바에 의한다.

② 부부가 혼인성립 전에 그 재산에 관하여 약정한 때에는 혼인 중 이를 변경하지 못한다. 그러나 정당한 사유가 있는 때에는 법원의 허

가를 얻어 변경할 수 있다.

③ 전항의 약정에 의하여 부부의 일방이 다른 일방의 재산을 관리하는 경우에 부적당한 관리로 인하여 그 재산을 위태하게 한 때에는 다른 일방은 자기가 관리할 것을 법원에 청구할 수 있고 그 재산이 부부의 공유인 때에는 그 분할을 청구할 수 있다.

④ 부부가 그 재산에 관하여 따로 약정을 한 때에는 혼인성립까지에 그 등기를 하지 아니하면 이로써 부부의 승계인 또는 제3자에게 대항하지 못한다.

⑤ 제2항, 제3항의 규정이나 약정에 의하여 관리자를 변경하거나 공유재산을 분할하였을 때에는 그 등기를 하지 아니하면 이로써 부부의 승계인 또는 제3자에게 대항하지 못한다.

제830조 [특유재산과 귀속불명재산] ① 부부의 일방이 혼인 전부터 가진 고유재산과 혼인 중 자기의 명의로 취득한 재산은 그 특유재산으로 한다.

② 부부의 누구에게 속한 것인지 분명하지 아니한 재산은 부의 특유재산으로 한다.

제831조 [특유재산의 관리] 부부는 그 특유재산을 각자 관리, 사용, 수익한다.

제832조 [가사로 인한 채무의 연대책임] 부부의 일방이 일상의 가사에 관하여 제3자와 법률행위를 한 때에는 다른 일방은 이로 인한 채무에 대하여 연대책임이 있다. 그러나 이미 제3자에 대하여 다른 일방의 책임 없음을 명시한 때에는 그러하지 아니하다.

제833조 [생활비용] 부부의 공동생활에 필요한 비용의 부담은 당사자 간에 특별한 약정이 없으면 부가 이를 부담한다.

제5절 이혼

제1관 협의상 이혼

제834조 [협의상 이혼] 부부는 협의에 의하여 이혼할 수 있다.

제835조 [무능력자의 협의상 이혼] ① 미성년자는 부모 또는 후견인의 동의를 얻어 이혼할 수 있다. 부모 중 일방이 동의권을 행사할 수 없는 때에는 다른 일방의 동의를 얻어 이혼할 수 있다.

② 금치산자는 후견인의 동의를 얻어 이혼할 수 있다.

③ 전2항의 경우에 부모 또는 후견인이 없거나 동의할 수 없는 때에는 친족회의 동의를 얻어 이혼할 수 있다.

제836조 [이혼의 성립과 신고방식] ① 협의상 이혼은 호적법에 정한 바에 의하여 신고함으로써 그 효력이 생긴다.

② 전항의 신고는 당사자 쌍방과 성년자인 증인 2인의 연서한 서면으로 하여야 한다.

제837조 [이혼과 자의 양육책임] ① 당사자 간에 그 자의 양육에 관한 사항을 협정하지 아니한 때에는 그 양육의 책임은 부에게 있다.

② 전항의 양육에 관한 사항의 협정이 되지 아니하거나 협정할 수 없는 때에는 법원은 당사자의 청구에 의하여 그자의 연령, 부모의 재산상황 기타 사정을 참작하여 양육에 필요한 사항을 정하며 언제든지 그 사항을 변경 또는 다른 적당한 처분을 할 수 있다.

③ 전항의 규정은 양육에 관한 사항 외에는 부모의 권리의무에 변경을 가져오지 아니한다.

제838조 [사기, 강박으로 인한 이혼의 취소청구권] 사기 또는 강박으로 인하여 이혼의 의사표시를 한 자는 그 취소를 법원에 청구할 수 있다.

제839조 [준용규정] 제823조의 규정은 협의상 이혼에 준용한다.

제2관 재판상 이혼

제840조[재판상 이혼원인] 부부의 일방은 다음 각호의 사유가 있는 경우에는 법원에 이혼을 청구할 수 있다.

1. 배우자에 부정한 행위가 있었을 때
2. 배우자가 악의로 다른 일방을 유기한 때
3. 배우자 또는 그 직계존속으로부터 심히 부당한 대우를 받았을 때
4. 자기의 직계존속이 배우자로부터 심히 부당한 대우를 받았을 때
5. 배우자의 생사가 3년 이상 분명하지 아니한 때
6. 기타 혼인을 계속하기 어려운 중대한 사유가 있을 때

제841조[부정으로 인한 이혼청구권의 소멸] 전조 제1호의 사유는 다른 일방이 사전동의나 사후용서를 한 때 또는 이를 안 날로부터 6월, 그 사유 있은 날로부터 2년을 경과한 때에 이혼을 청구하지 못한다.

제842조[기타 원인으로 인한 이혼청구권의 소멸] 제840조, 제6호의 사유는 다른 일방이 이를 안 날로부터 6월, 그 사유 있은 날로부터 2년을 경과하면 이혼을 청구하지 못한다.

제843조[준용규정] 제806조, 제837조의 규정은 재판상 이혼의 경우에 준용한다.

제4장 부모와 자

제1절 친생자

제844조[부의 친생자의 추정] ① 처가 혼인 중에 포태한 자는 부의 자로 추정한다.

② 혼인 성립의 날로부터 200일 후 또는 혼인관계 종료의 날로부터 300일 내에 출생한 자는 혼인 중에 포태한 것으로 추정한다.

第845條 [법원에 의한 부의 결정] 제811조의 규정에 위반하여 재혼한 여자가 해산한 경우에 전조의 규정에 의하여 그 자의 부를 정할 수 없는 때에는 법원이 당사자의 청구에 의하여 이를 정한다.

第846條 [자의 친생부인] 부는 제844조의 경우에 그 자가 친생자임을 부인하는 소를 제기할 수 있다.

第847條 [친생부인의 소] ① 부인의 소는 자 또는 그 친권자인 모를 상대로 하여 그 출생을 안 날로부터 1년 내에 제기하여야 한다.

② 친권자인 모가 없는 때에는 법원은 특별대리인을 선임하여야 한다.

第848條 [금치산자의 친생부인의 소] ① 부가 금치산자인 때에는 그 후견인은 친족회의 동의를 얻어 부인의 소를 제기할 수 있다.

② 전항의 경우에 후견인이 부인의 소를 제기하지 아니한 때에는 금치산자는 금치산 선고의 취소 있은 날로부터 1년 내에 부인의 소를 제기할 수 있다.

第849條 [자사망 후의 친생부인] 자가 사망한 후에도 그 직계비속이 있는 때에는 그 모를 상대로, 모가 없으면 검사를 상대로 하여 부인의 소를 제기할 수 있다.

第850條 [유언에 의한 친생부인] 부가 유언으로 부인의 의사를 표시한 때에는 유언집행자는 부인의 소를 제기하여야 한다.

第851條 [부의 자 출생 전 사망과 친생부인] 부가 자의 출생 전 또는 제847조 제1항의 기간 내에 사망한 때에는 부의 직계존속이나 직계비속에 한하여 그 사망을 안 날로부터 1년 내에 부인의 소를 제기할 수 있다.

第855條 [인지] ① 혼인 외의 출생자는 그 생부나 생모가 이를 인지할 수 있다. 부모의 혼인이 무효인 때에는 출생자는 혼인 외의 출생자로 본다.

② 혼인 외의 출생자는 그 부모가 혼인한 때에는 그때로부터 혼인 중의 출생자로 본다.

第856條 [금치산자의 인지] 부가 금치산자인 때에는 후견인의 동의를 얻어

인지할 수 있다.

제857조 [사망자의 인지] 자가 사망한 후에도 그 직계비속이 있는 때에는 이를 인지할 수 있다.

제858조 [포태중인 자의 인지] 부는 포태 중에 있는 자에 대하여도 이를 인지할 수 있다.

제859조 [인지의 효력발생] ① 인지는 호적법에 정한 바에 의하여 신고함으로써 그 효력이 생긴다.

② 인지는 유언으로도 이를 할 수 있다. 이 경우에는 유언집행자가 이를 신고하여야 한다.

제2절 양자

제1관 입양의 요건

제866조 [양자를 할 능력] 성년에 달한 자는 양자를 할 수 있다.

제867조 [사후양자] ① 호주가 사망한 경우에 그 직계비속이 없는 때에 한하여 그 배우자, 직계존속, 친족회의 순으로 사후양자를 선정할 수 있다.

② 폐가 또는 무후가를 부흥하기 위하여 전 호주의 사후양자를 선정하는 경우에는 전 호주, 직계비속, 친족회의 순으로 이를 선정한다.

③ 전2항의 경우에 직계존속이 수인인 때에는 남자를 선순위로 하고 남자 또는 여자가 수인인 때에는 최근 존속을 선순위로 한다. 그러나 생가의 직계존속은 출계자의 사후양자를 선정하지 못한다.

④ 제870조의 규정은 배우자 또는 직계존속의 사후양자를 선정하는 경우에 준용한다.

제868조 [사후양자 선정권자의 순위] 전조 제1항의 경우에 배우자가 없거나 또는 사후양자를 선정하지 아니한다는 의사표시를 한 때에는 직계존속이 이를 선정하고 직계존속이 없으면 친족회가 이를 선정할 수 있다. 이 경우에 직계존속 또는 친족회가 사후양자를 선정함에는 법

원의 허가를 얻어야 한다.

제869조 [15세 미만자의 입양승낙] 양자가 될 자가 15세 미만인 때에는 부모, 부모가 없는 때에는 후견인이 이에 갈음하여 입양의 승낙을 한다. 그러나 적모 계모, 또는 후견인이 승낙을 할 때에는 친족회의 동의를 얻어야 한다.

제870조 [입양의 동의] ① 양자가 될 자는 부모의 동의를 얻어야 하며 부모가 사망 기타 사유로 인하여 동의를 할 수 없는 경우에 다른 직계존속이 있으면 그 동의를 얻어야 한다.

② 제867조 제3항의 규정은 전항의 직계존속의 동의에 준용한다.

제871조 [미성년자 입양의 동의] 양자가 될 자가 성년에 달하지 못한 경우에 부모 또는 다른 직계 존속이 없으면 후견인의 동의를 얻어야 한다.

제872조 [후견인과 피후견인 간의 입양] 후견인이 피후견인을 양자로 하는 경우에는 친족회의 동의를 얻어야 한다.

제876조 [서양자]① 여서로 하기 위하여 양자를 할 수 있다. 이 경우에는 여서인 양자는 양친의 가에 입적한다.

② 전항의 경우에 양친자관계의 발생, 소멸은 혼인관계의 발생, 소멸에 따른다. 그러나 입양의 무효, 취소 또는 파양은 혼인관계에 영향을 미치지 아니한다.

제5편 상속

제1장 호주상속

제1절 총칙

제980조 [호주상속 개시의 원인] 호주상속은 다음 각호의 사유로 인하여 개시된다.

1. 호주가 사망하거나 국적을 상실한 때
2. 양자인 호주가 입양의 무효 또는 취소로 인하여 이적된 때
3. 여호주가 친가에 복적하거나 혼인으로 인하여 타가에 입적한 때
4. 여호주의 가에 그 가의 계통을 계승할 남자가 입적한 때

제2절 호주상속인

제984조 [호주상속의 순위] 호주상속에 있어서는 다음 순위로 상속인이 된다.

1. 피상속인의 직계비속남자
2. 피상속인의 가족인 직계비속여자
3. 피상속인의 처
4. 피상속인의 가족인 직계존속여자
5. 피상속인의 가족인 직계비속의 처

제2장 재산상속

제1절 총칙

제997조 [재산상속 개시의 원인] 재산상속은 사망으로 인하여 개시된다.

제998조[상속개시의 장소와 비용]제983조의 규정은 재산상속에 준용한다.

제2절 재산상속인

제1000조[재산상속의 순위] ① 재산상속에 있어서는 다음 순위로 상속인이 된다.

1. 피상속인의 직계비속
2.피상속인의 직계존속
3. 피상속인의 형제자매
4. 피상속인의 8촌이내의 방계혈족

② 전항의 경우에 동순위의 상속인이 수인인 때에는 최근친을 선순위로 하고 동친 등의 상속인이 수인인 때에는 공동상속인이 된다.

제1002조[처가 피상속인인 경우의 상속인]처가 피상속인인 경우에 부는 그 직계비속과 동순위로 공동상속인이 되고 직계비속이 없는 때에는 단독상속인이 된다.

제1003조[처의 상속순위] ① 피상속인의 처는 제1000조 제1항 제1호와 제2호의 규정에 의한 재산상속인이 있는 경우에는 그 상속인과 동순위로 공동상속인이 되고 그 상속인이 없는 때에는 단독상속인이 된다.

② 제1001조의 경우에 상속개시 전에 사망 또는 결격된 자의 처는 동조의 규정에 의한 상속인과 동순위로 공동상속인이 되고 그 상속인이 없는 때에는 단독상속인이 된다.

제3절 재산상속의 효력

제2관 상속분

제1009조[법정상속분] ① 동순위의 상속인이 수인인 때에는 그 상속분은 균분으로 한다. 그러나 재상상속인이 동시에 호주상속을 할 경우에는 상속분은 그 고유의 상속분의 5할을 가산하고 여자의 상속분은 남자

의 상속분의 2분의 1로 한다.

② 동일가적 내에 없는 여자의 상속분은 남자의 상속분의 4분의 1로 한다.

③ 피상속인의 처의 상속분은 직계비속과 공동으로 상속하는 때에는 남자의 상속분의 2분의 1로 하고 직계존속과 공동으로 상속하는 때에는 남자의 상속분과 균분으로 한다.

사진출처

해당 사진이 삽입된 페이지 번호 순서대로 명기.

여성 정치 '현장'의 풍경

15 국가기록원

29 국가기록원

31 뉴스뱅크이미지

44 뉴스뱅크이미지

49 국가기록원

여성 국회의원의 탄생과 활동

74 《연합뉴스》

90 국가기록원

92 국가기록원

111 뉴스뱅크이미지

116 국사편찬위원회

119 대한민국역사박물관

123 대한민국역사박물관

125 뉴스뱅크이미지

127 국가기록원

132 국가기록원

대한민국역사박물관 한국현대사 교양총서

1 대한민국 헌법 이야기

"모든 세대는 자신들의 헌법을 새로 쓸 권리를 가진다."
대한민국 헌법은 1948년 최초로 제정한 이래 9차례에 걸쳐 변경, 수정, 추가되면서 오늘에 이르렀다. 이러한 헌법의 역사를 돌아봄으로써 변화와 발전을 위한 각 세대의 고민을 이해한다.

정종섭 / 234쪽 / 2013.7.15. 발행 / 12,000원

2 런던에서 런던까지: 대한민국 올림픽 도전사

1948년, 신생국가로 막 태어난 대한민국은 올림픽에 최초로 참가하여 동메달 2개를 획득하였다. 그리고 다시 런던올림픽이 열린 2012년, 대한민국은 금메달 13개로 종합순위 세계 5위에 올랐다. 이러한 런던올림픽의 어제와 오늘 속에서 대한민국의 변화의 흐름, 그리고 우리 자신을 발견할 수 있다.

나영일 / 216쪽 / 2013.7.15. 발행 / 12,000원

3 국제법과 함께 읽는 독도현대사

일본 정부의 주요인사들은 해마다 독도가 일본 영토라는 주장을 반복하고 있다. 일본은 왜 이러한 억지주장을 되풀이하며, 우리는 이에 어떠한 방식으로 대처해야 할까? 지난 100년간의 독도 역사를 돌아보고 독도 문제를 국제법으로 풀어봄으로써 이러한 문제에 대한 해답을 얻고자 한다.

정재민 / 218쪽 / 2013.9.1. 발행 / 12,000원

4 세계의 한인이주사

2012년 4월, 재외국민선거가 실시되면서 재외한인은 국내 정치의 중요한 행위자로 부상하였다. 아울러 국내에 체류하는 외국국적 동포들이 증가하면서 재외한인은 '재외'가 아닌 모국의 중요한 사회구성원이 되었다.
19세기 중엽 시작된 재외한인의 이주사에는 이제 150년의 경륜과 삶의 지혜가 있다. 이러한 재외한인의 이주사로부터 타산지석과 역지사지의 지혜를 얻을 수 있다.

윤인진 / 280쪽 / 2013.10.10. 발행 / 12,000원

5 산림녹화

조선 후기를 시작으로 일제강점기, 6·25전쟁 이후 오늘에 이르기까지 우리나라는 산림녹화를 위해 지속적인 노력을 기울여왔다. 경제개발 초기 정부를 비롯하여 기업과 독림가들의 산림녹화에 대한 노력은 현재 우리나라의 녹화 지역이 보여주듯이 많은 성과를 이루었다. 우리는 산림녹화를 위해 어떠한 실천을 했을까? 숲 전문가가 본 조림의 역사와 성공 요인이 이 책에 담겨 있다.

배상원 / 230쪽 / 2013.10.10. **발행** / 12,000원

6 '대한민국' 국호의 탄생

1897년 10월 12일 황제로 등극한 고종은 '대한제국'이라는 새 국호를 선포했다. 1910년 일제에 나라를 빼앗기며 잃어버렸던 이 '대한제국'이란 국호는 1910년 중국 상하이에 세워진 임시정부에서 '대한민국'이란 국호로 되살아났다. 이후 광복 후 수립된 새 국가에 의해 계승된 '대한민국' 국호에는 우리의 과거와 현재가 담겨 있다.

이선민 / 204쪽 / 2013.12.31. **발행** / 12,000원

7 원조, 받는 나라에서 주는 나라로

6·25전쟁 이후 외국의 원조에 의존해야 했던 우리나라는 2012년 세계 8위의 교역규모를 기록하며, 경제 규모와 제도 면에서 선진국 대열에 진입하였다. 그리고 이와 함께 국제사회에서 감당해야 하는 책임도 커졌다. 해방, 남북분단과 6·25전쟁을 겪은 우리나라는 어떻게 급속한 경제성장에 성공하여 원조를 '받는 나라에서 주는 나라로' 전환할 수 있었는가?

최상오 / 252쪽 / 2013.12.31. **발행** / 12,000원

8 대한민국 여성 국회의원의 탄생

1945년 해방 이후 오늘날까지의 한국 역사는 여성 발전의 역사였다. 근대 이후 서구적 가치관의 유입은 급속한 사회 변화를 가져왔으며, 이러한 사회 변화의 중심에 한국여성의 지위 변화가 있다. 이 책은 대한민국이 그 기틀을 잡고 국가의 성격을 형성해가던 제1공화국 시기 여성정치인들의 역사를 통하여 한국 여성 발전을 되돌아본다.

김수자 / 232쪽 / 2014.7.31. **발행** / 12,000원